क़िस्साग्राम

प्रभात रंजन

राजपाल

₹ 199
ISBN : 9789389373943
पहला संस्करण : 2024
KISSAGRAM (Novel) by Prabhat Ranjan
मुद्रक : शीतल प्रिंट्स, दिल्ली

राजपाल एण्ड सन्ज़
1590, मदरसा रोड, कश्मीरी गेट, दिल्ली–110006
फोन : 011-23869812, 23865483, 23867791
e-mail : sales@rajpalpublishing.com
www.rajpalpublishing.com
www.facebook.com/rajpalandsons

समर्पण

अपने पिता श्री प्रेम रंजन शर्मा को

जिनसे पढ़ने की आदत लगी

पिता तुल्य लेखक उदय प्रकाश को

जिनसे लिखना सीखा

भूमिका

भीड़ और उसकी भेड़चाल की दास्तान

लोकजीवन के कुछ सितारे अचानक ही गर्दिश में आ गये—पहलवान, नाऊ-नाइन, मनिहारिनें, केवट, रफ़ूगर, दर्ज़ी, डाकिये। यह प्रभात रंजन के ही वश का था कि अपने उपन्यास के असल नायक को दृश्य से बाहर करके वे गाँव के सांस्कृतिक जीवन के इन फ़रहर किरदारों के फ़लक से ग़ायब हो जाने का एक बड़ा रूपक रच देते हैं। रेणु और मैत्रेयी पुष्पा के बाँके पहलवानों से अलग हैं इनके छकौरी पहलवान जिनकी अपने ही स्थापित हनुमानजी से सांख्य भक्ति ऐसी विकट है कि एक निर्णायक दंगल हार जाने पर वे उन्हीं को गदहपटका दे उनकी मूर्ति तोड़ डालते हैं और इसके पहले कि गाँव में बवंडर मचे, वे रातोंरात फ़रार होकर गाँव के अलावों के किंवदंती-पुरुष बन जाते हैं। तरह-तरह की अटकलें लगती हैं उनके ग़ायब होने पर कि वे गये तो गये कहाँ। कोई कहता है पहलवानी भूलकर वे जनकपुर में इलेक्ट्रॉनिक सामानों की दुकान चला रहे हैं, कोई कुछ कहता है, कोई कुछ। अंत में पता चलता है कि वे भूले भंडारी बनकर शहर में बस गये हैं, इसलिए पकड़ में नहीं आते। उधर भग्न प्रतिमा के जीर्णोद्धार को लेकर चंदा इकट्ठा किया जाता है और कुछ लफुए बैठे-बिठाए लीडर बन जाते हैं। चुनाव की घड़ी आती है तो उस गाँव के दूसरे नेता विपक्षियों द्वारा छकौरी पहलवान के अपहरण की और 'पढ़ो हिन्दी में, बोलो अंग्रेज़ी में' नाम से स्पोकेन अंग्रेज़ी का कोचिंग सेंटर चलाने पर विवश जमाल अंसारी के 'लड़कियों का दिल जीतने

वाले' पक्ष की क्या किंवदंती बनती है, उसका क्या राजनीतिक दुरुपयोग होता है, जाति और धर्म के नाम पर क्या-क्या कबाड़े होते हैं—इसकी दिलचस्प दास्तान है यह।

अफ़वाहें कैसे गढ़ी जाती हैं, ख़ासकर चुनाव के समय इन अफ़वाहों का अपने हित में कैसे विनियोग करते हैं स्थानीय नेता—इसका बहुत सजग और जीवंत वर्णन एक ऐसी भाषा में हुआ है जो बेनीपुरी और शिवपूजन सहाय के धड़कते गद्य की याद दिलाती है। गायत्री स्पीवाक के प्रसिद्ध लेख 'कैन द सब-ऑल्टर्न स्पीक' के आलोक में बात करें तो अगर बेनीपुरी की 'माटी की मूरतें' अपना पक्ष रखतीं, गहराते जनतंत्र की चुनावी राजनीति का यह उथला पक्ष उनके सामने होता और उसमें चाहते-चाहते वे भागीदार भी होतीं तो किस भाषा में बात करतीं वे!

अफ़वाहों के धुमैले घटाटोप के इस सत्योत्तर में उनकी 'एजेंसी', उनके सजग चुनाव का प्रश्न कितना जटिल हो जाता—इसका एक उत्कट साक्ष्य वहन करती है यह उपन्यास, जिसमें न कोई नायक है न नायिका, खलनायक भी नहीं कोई, एक भीड़ है, उसकी भेड़चाल और सामने घुमड़ता एक विकट प्रश्न कि क्या होना है आगे गणतंत्र का और गणदेवताओं का!

15 जनवरी 2024

दिल्ली

—अनामिका

साहित्य अकादेमी सम्मान प्राप्त

वरिष्ठ साहित्यकार

अपनी बात

कहा जाता है कि प्रत्येक इंसान के पास एक उपन्यास की कहानी होती है लेकिन लिख सब नहीं पाते। उस एक उपन्यास को लिखने के क्रम में मैंने अनेक उपन्यास शुरू किए, लेकिन कोई भी कहानी पूरी नहीं हुई। मैं जो लिखना चाहता था और जो लिखा जा रहा था दोनों का अंतर इतना अधिक रहता था कि कोई भी कहानी पूरी नहीं हो पाई। मैं लगभग निराश हो गया था। मैंने यह मान लिया था कि मैं उपन्यास नहीं लिख सकता। मैंने तीन संग्रह भर के कहानियाँ लिख लीं लेकिन एक उपन्यास नहीं लिख पाया।

मैं कई कहानियों को पूरा करने में लगा था कि यह उपन्यास चुपचाप आया। ऐसे कि पता भी नहीं चला। लॉकडाउन के दौरान एक कहानी लिखी थी लगातार छप्पन दंगल जीतने वाले छकौरी पहलवान की जो हनुमान जी का मंदिर तोड़कर ग़ायब हो गया था। क्यों गया? बताने वाले सब थे लेकिन कहाँ गया यह बहुत बड़ी गुत्थी थी। तभी सोचा था कि इतने बड़े पहलवान को ऐसे ग़ायब करना सही नहीं रहेगा उसको खोजकर लाना ज़रूर है। अगले दो साल में कई बार उसको खोजने की कोशिश की। लेकिन असफल रहा। हर बार और-और कहानियाँ दिमाग़ में घूमने लगतीं, छकौरी पहलवान की कहानी पीछे रह जाती। कई-कई किरदार सामने आने लगते छकौरी पहलवान पीछे रह जाते।

बीच-बीच में पहलवानों को लेकर अविश्वसनीय समाचार सामने आते रहे। ओलंपिक पदक विजेता एक पहलवान हत्या का आरोपी बन गया। तब भी मुझे छकौरी पहलवान की बहुत याद आई। पिछले साल से

कुश्ती संघ के ख़िलाफ़ पहलवान आवाज़ उठाते रहे लेकिन उनकी कोई सुनवाई नहीं हो रही थी। मुझे बार बार छकौरी पहलवान याद आ रहे थे। सोचता वह होते तो क्या करते, क्या उनका नाम ज़िले के बाहर फैला होता। फिर ज़िले-मोहल्ले के लोग याद आने लगते। सब याद आता था लेकिन कहानी सुझाई नहीं दे रही थी।

इस बीच हुआ यह कि पिछले साल-दो साल में कई बार अपने गाँव जाना हुआ। अपने गाँव और आसपास के दूसरे गाँवों को क़रीब से महसूस करने का मौक़ा मिला। एक बात यह है कि गाँवों में सड़कें बन गई हैं, बिजली पहले से ज़्यादा रहने लगी है, अमेज़न की डिलीवरी पहुँचने लगी है, स्विगी-जोमैटो खाने की डिलीवरी करने लगा है। पहले जब अपने या आसपास के गाँवों के लोग मिलते या उनसे फ़ोन पर बातचीत होती, और अगर वे मेरी किताबें माँगते तो मैं यह कहकर उनको टरका देता कि गाँव आऊँगा तो लेता आऊँगा। गाँव आने की वह तिथि हर त्योहार में अगले त्योहार तक खिसक जाती और मैं उनको किताब देने से बच जाता। लेकिन अब वे अपना पता भेज देते हैं और कहते हैं कि अमेज़न की डिलीवरी आराम से हो जाती है। मेरे लिये बड़ी मुश्किल हो गई है। लेकिन एक बात है कि विकास हो रहा है। पिछली बार मेरे एक स्कूलिया मित्र ने विकास का उदाहरण देते हुए बताया था कि अब सीतामढ़ी में दिल्ली से भी अच्छा मोमोज़ मिलने लगा है। सुनकर मुझे इस बात में कोई संदेह ही नहीं रह गया कि विकास सफलतापूर्वक वहाँ पहुँच चुका है।

पिछले साल तो अपने एक पुराने मित्र से झगड़ा होते होते रह गया। मैंने उससे पूछा कि शहर में अच्छा मूढ़ी-कचरी आजकल कहाँ मिलता है? जवाब में बोला—'तुम दिल्ली में चाऊमीन खाओ, मोमोज़ खाओ, बर्गर खाओ, पिज़्ज़ा खाओ तो ठीक लेकिन यहाँ आने पर मूढ़ी-कचरी खोजो? तुमको क्या लगता है सीतामढ़ी अभी भी पिछड़ा रह गया है। कान खोलकर सुन लो। अब यहाँ कोई मूढ़ी-कचरी नहीं खाता! जो दिल्ली में मिलता है सब इहाँ भी मिलता है और वहाँ से अच्छे मिलता है। विकास में कोनो कमी नहीं रह गया है...'

विकास का नाम जगह-जगह सुनाई देता रहा लेकिन रहने पर समझ आया कि ऊपर-ऊपर चमक-दमक पूरा है लेकिन अंदर से गाँव-समाज 1990 के दशक जैसा ही है। उसी दशक जैसा जब दिल्ली से गाँव जाना कम होता गया। सब कुछ वैसे ही है—धर्म-जाति, ऊँच-नीच, अपना-पराया। ज़्यादा कुछ बदला नहीं है।

1990 का दशक याद आया तो उसी दशक के एक विधानसभा चुनाव की याद आ गई जिसमें पहली बार जाति पर धर्म भारी पड़ गया था। उन नेताओं के नाम याद आए जिनके नाम अब कोई नहीं लेता। कभी जिनके नाम पर सड़कों के नाम रखे गये थे, चौक के नाम रखे गये थे अब सब नाम या तो देवी-देवताओं के नाम हो चुके हैं या महापुरुषों के। देखा सबको जैसे भूलने की बीमारी सी हो गई थी। कोई कुछ याद भी नहीं करना चाहता था।

वैसे तो शहर में उस ज़माने का मेरा कोई दोस्त मुझे खोजे नहीं मिल रहा था। सब मेरी तरह ही पढ़ाई-रोज़गार के लिए बाहर गए उसके बाद वहीं के हो गये—दिल्ली के, मुंबई के। संयोग से सपना टी हाउस वाले कामेश्वर से भेंट हो गई। खुश हुआ कि मैं लेखक बन गया था। अख़बार से लेकर फ़ेसबुक तक मेरा लिखा वह पढ़ता रहता था। लेकिन एक बात पर उसने दुख जताया। बोला इतना लिखते हो, दुनिया जहान का लिखते हो। अपने देश के किसी पर तो आज तक कुछ नहीं लिखा तुमने लेकिन किसी मार्केज नामक विदेशी लेखक पर पूरी की पूरी किताब लिख डाली। लेकिन एक बात बताओ। अपने यहाँ की उस कहानी को कौन लिखेगा जिसको सब भूलते जा रहे हैं। मुझे लगा जैसे उपन्यास का सूत्र मिल गया।

जिस कहानी को मैं बरसों से लिखने की कोशिश कर रहा था वह पूरी हो गई। क़िस्से-कहानियों में कुछ भी नया नहीं होता है। बस सुनाने वाले नये होते हैं। मैंने आगे के पन्नों पर जो कुछ भी लिखा है वह सब क़िस्से हैं, कहानियाँ हैं। सुनने-सुनाने वालों के बीच में मैं भी था इसलिए मैंने लिख दिया। याद करने में भूलने की बड़ी भूमिका होती है। लिखने

वाला वही याद करता है जो उसके अपने सोच की सुविधा होती है। क़िस्से-कहानियों में सबसे बड़ी बात यह होती है कि उनका कोई अपना देस नहीं होता। उसी तरह इस उपन्यास की कहानियों का अगर कोई लोक है तो वह लेखक का अपना कल्पना लोक है।

अन्हारी नामक किसी गाँव को न मैं जानता हूँ न उन घटनाओं का मैं साक्षी रहा। लेकिन शुक्र है क़िस्से-कहानियों ने मुझे उनसे जोड़ दिया। सुना था पिछली शताब्दी के अंतिम दशक में और आज जब लिखने बैठा तो लगा जैसे आज के समय की ही कहानी हो।

आभार उनका जो *क़िस्साग्राम* से बतौर पाठक जुड़े। बतौर पाठक जिन्होंने अपने अनुभव साझा किए। सबसे पहली पाठिका और सबसे बड़ी आलोचक मेरी पत्नी रोहिणी का आभार। आभार प्रिय लेखक और मित्र आशुतोष भारद्वाज का जिन्होंने पढ़कर हौसला बढ़ाया। आभार अनामिका जी का जिन्होंने अपनी व्यस्तता के बीच समय निकालकर पांडुलिपि पढ़ी। आभार वरिष्ठ लेखिका गीताश्री का जिन्होंने पढ़कर मेरे लेखन पर भरोसा जताया। युवा लेखक पंकज कौरव का आभार बहुमूल्य सुझाव देने के लिए। आभार प्रिय कवि यतीश कुमार और प्रिय लेखिका अनुकृति उपाध्याय का।

विशेष आभार मित्र लेखक पंकज दुबे का जिन्होंने इस उपन्यास का नाम रखा—*क़िस्साग्राम,* नाम उनका ही दिया हुआ है। जो मुझे बहुत पसंद आया। आशा है आपको भी पसंद आएगा। आभार प्रकाशक मीरा जौहरी का जिन्होंने मेरे लेखन पर भरोसा जताया और लिखने के लिये मुझे लगातार उत्साहित करती रहीं।

जो भी बना जैसी भी बना *क़िस्साग्राम* आपके सामने है। क़िस्से पसंद आएँ तो सुनाने वालों को धन्यवाद कहिएगा। कमी लगे तो वह मेरे लेखन की सीमा होगी। सुना बहुत लिख कम पाया।

—प्रभात रंजन

31 दिसम्बर 2023

दिल्ली

अथ कथा चौतरा हनुमान

कहानी की शुरुआत हुई मन्दिर से। अगर कहें मन्दिर के टूटने से तो ग़लत नहीं होगा। लेकिन मन्दिर के खंडित हो जाने से आस्था थोड़े खंडित हो जाती है...

आस्था बढ़ती जाती है। कहानी जिस दौर की है वह आस्था के बढ़ने का भी दौर था। आलम यह था कि मन्दिर टूटा आस्था कहीं और बढ़ गई। भीड़ बढ़ गई...

सड़कों की भीड़ कई बार यह भी बता देती है कि आस-पास कोई मन्दिर होगा। अनुभव से कह रहा हूँ। किसी ख़ास दिन अचानक गाड़ी, पैदल, रिक्शा-टेम्पो की बढ़ी भीड़ कई बार यह भी बता देती है कि नज़दीक ही कोई मन्दिर होगा। जिस मन्दिर में भीड़ बढ़ने लगती है, सब उसे प्राचीन बताने लगते हैं। बचपन से आज तक इतने शहरों में, इतने प्राचीन मन्दिर देखे जितना कि यह देश भी प्राचीन नहीं होगा। नया से नया मन्दिर भी प्राचीनता का कोई-न-कोई सूत्र जोड़ ही लेता है, जैसे नई से नई सरकार देश की प्राचीन परम्परा से खुद को जोड़ ही लेती है। लेकिन हर प्राचीन मन्दिर का माहात्म्य हो यह भी ज़रूरी नहीं। इंसान का भाग्य होता हो या नहीं मन्दिर का भाग्य ज़रूर होता है।

मेरे घर के सामने, मेरा मतलब है सड़क की दूसरी तरफ़ क़रीब एक किलोमीटर की दूरी पर, शनि मन्दिर है। दस-बारह सालों में उसका

माहात्म्य इतना बढ़ गया कि लोग मेरे इलाक़े को उस मन्दिर के नाम से जानने लगे। जबकि हक़ीक़त यह है कि इस इलाक़े का हर मन्दिर शनि मन्दिर से पुराना है। जब मैं यहाँ रहने आया था तब पास में लाल मन्दिर का बड़ा माहात्म्य माना जाता था। लाल दीवारों वाले उस मन्दिर के बारे में कहा जाता था कि गुलशन कुमार ने उसका जीर्णोद्धार करवाया था। कहते हैं जब तक दिल्ली में रहा, लाल मन्दिर रोज़ आता था। उसके कारण यह लाल मन्दिर भी गुलज़ार हो गया।

शनि मन्दिर ने सबको पीछे छोड़ दिया। अपने प्रिय कवि की पंक्तियाँ उधार लूँ तो ''लोग लोग मार तमाम लोग'' सुबह से लेकर देर रात तक आते जाते दिख जाते। आस-पास के गरीब-गुरबे जितने आते थे उनसे कम नोएडा में निजी कम्पनियों में काम करने वाले युवक-युवतियाँ नहीं होते थे। पता नहीं कितनों की मन्नत पूरी होती, कितनों के सपने टूट जाते लेकिन हर शनिवार अपने-अपने सपने लिए बड़ी तादाद में शनि मन्दिर आते-जाते...

कोरोना महामारी फैली थी और लॉकडाउन लगा था तब पता नहीं कहाँ-कहाँ, कौन-कौन से मन्दिर बंद हुए लेकिन शनि मन्दिर ज़रूर बंद हो गया था। न मन्दिर से घंटी की आवाज़ आती न हाथों में तेल लेकर जाते लोग दिखाई देते, न ट्रैफ़िक जाम। मन्दिर के बिना जीने की आदत पड़ती जा रही थी। देवी-देवताओं के ऑनलाइन दर्शन होने लगे थे। वास्तविक मन्दिर को हम भूलते जा रहे थे। मन्दिर का प्रताप भक्तों से ही होता है न। उसकी रौनक़ तभी तक रहती है जब तक भक्तों का आना-जाना रहता है। भक्तों के बिना मन्दिर भी अकेले हो जाते हैं।

गीतकार न जाने कब लिख गया था—''भीड़ में भी रहता हूँ वीरान के सहारे, जैसे कोई मन्दिर किसी गाँव के किनारे।''

कवियों का क्या लेकिन वीरान मन्दिर भगवान का नहीं भूतख़ाना दिखने लगता है।

हम मन्दिर को भूलते जा रहे थे कि कल अचानक मन्दिर ने हमें

अपनी याद दिलाई। सुबह से ही चर्चा थी कि मन्दिर में चोरी हो गई थी। कोई कह रहा था—नहीं मन्दिर में तोड़फोड़ हुई थी। कोई मन्दिर की सलाख़ों को तोड़कर अंदर घुसा था। शनि की मूर्ति बाहर टूटी पड़ी थी। कोई कह रहा था अंदर चाँदी की एक नवग्रह की मूर्ति थी वह चोर ले गया कोई कह रहा था, मन्दिर के अंदर सरसों का तेल बहुत अधिक जमा था। सब ग़ायब है। मेरी सोसाइटी के गार्ड सुरेंद्र ने बताया, "कुछ गायब नहीं हुआ है। छत पर दो पंखे टंगे हुए थे। दोनों सलामत हैं। वर्ना इतनी गर्मी में चोर कम-से-कम पंखा तो ले ही जाता। बाक़ी शनि मन्दिर में ऐसा होता ही क्या है जो कोई ग़ायब करेगा? इतना सच ज़रूर है कि मन्दिर का दरवाज़ा, खिड़की का छड़ टूटा था। बाक़ी क्या गया, नहीं गया सब कहने की बातें हैं। मन्दिर की ओर से तो पुलिस में कम्प्लेन तक नहीं हुआ। जिसके मन में जो आ रहा है बोले जा रहा है। ई चोरी का मामला नहीं है, कोई और मामला रहा होगा..."

घटना से दुर्घटना तक

मुझे अपने बचपन के दिन याद आ गए। गाँव याद आ गया। स्कूल याद आ गया जहाँ कक्षा सातवाँ नवीन (कक्षा) की पढ़ाई पूरी करके आगे की पढ़ाई के लिए ऐसा निकला कि अब अपना गाँव भी क़िस्से-कहानियों में याद आता है, हीले-हवालों में याद आता है। एक के बाद एक, जैसे कम्प्यूटर में पुराने फ़ोटो के किसी अल्बम पर क्लिक हो गया हो। कुछ देर तक दिल-दिमाग़ पर एक दौर छा जाता है। फिर अल्बम, बंद वह ज़माना बंद। हम आगे बढ़ते जाते हैं पीछे की ज़िन्दगी अल्बमों में क़ैद होती जाती है।

रामसेवक सिंह उच्च विद्यालय। अब देखिए न स्कूल का नाम याद आया तो पीछे मैदान याद आ गया, जहाँ टिफ़िन के समय हम क्रिकेट खेलते थे। टिफ़िन तब खाने का नहीं हमारे लिए खेलने का नाम था। आधे घंटे के टिफ़िन में तीन-तीन ओवर का मैच खेलते थे। कई बार मैच पूरा भी नहीं हो पाता कि घंटी बज जाती थी। मैच वहीं खत्म हो जाता। मैंने एक मैच में रणधीर के एक ओवर में तीन छक्के और एक चौका मारे ही थे कि घंटी बज गई। मैच वहीं रुक गया। सब मैच घंटी बजते ही रुक जाते थे वह भी रुक गया। रणधीर से स्कूल में मेरी हमेशा ठनी रहती थी। दो बार वह स्कूल में मेरी पिटाई कर चुका था। मैं कुछ नहीं कर पाया था। कोई कुछ नहीं कर पाया था। रणधीर के पिताजी ग्रामीण बैंक में मैनेजर थे। प्रिंसिपल साहब से लेकर बिंदेश्वरी सर, पांडेय सर, चौधरी सर सबका उनके साथ

खाना–पीना चलता रहता था। अब उसका वह क्या कर सकता था। लेकिन उस दिन मैंने उसकी तीन गेंदों पर तीन छक्के लगातार मारे थे। अगर बाक़ी बची दो गेंदों पर दो छक्के और मार दिए होते तो उस ओवर में 34 रन हो जाते। लोग हमेशा याद करते। कहते, ''रणधीरवा के एक ओवर में 34 रन बनाकर संजीववा ने सारा हिसाब चुकता कर लिया था। लेकिन मैच 22 रन पर ही रुक गया। आज तक रुका हुआ है। स्कूल याद आता नहीं है कि वह अधूरा मैच याद आ जाता है। ज़िन्दगी पूरा करने की दौड़ में कितना कुछ अधूरा छूट जाता है...छूटता जाता है!

आदमी जैसे–जैसे उम्र में, अनुभव में बड़ा होता जाता है वह जब भी किसी भी विषय पर बात करता है विषयांतर में चला जाता है। मन के अंदर अनुभव की, स्मृति की जो जमा पूँजी होती है वह निकलने लगती है। अब देखिये न मैंने बात क्या शुरू की थी क्या कहने लगा। सीधे सड़क पर चलने के बजाय पगडंडी पर चलने लगा। यही होता है। स्मृति निकलने का रास्ता निकाल ही लेती है। आप कहेंगे कि मन्दिर की कहानी में रणधीर का क्या काम। लेकिन सच बताऊँ तो 22 रन से अधिक उन दो बची गेंदों की स्मृति मन में अधिक रह गई है। अक्सर आप जो पाते हैं उससे ज़्यादा मन में वह रह जाता है जो आप नहीं पाते हैं।

बहरहाल, बात उन दिनों की है जब स्कूल पढ़ाई से ज़्यादा मन्दिर के लिए जाना जाने लगा था...

जिस मैदान की ऊपर बात हो रही थी उसी मैदान के चारों तरफ़ से स्कूल की दीवार थी, जो जगह–जगह से टूटी हुई थी। किसी कोने में मौक़ा देखकर दिशा फ़ारिग करने वाले हल्का होने आ जाते, किसी कोने से कुत्ते, किसी कोने से भैंस चरने आ जाती। एक दिन एक कोने में एक छोटी सी मूर्ति आ गई। कोई ध्यान देता तब तक स्कूल के चौकीदार ने ईंट का एक चौतरा बनाकर उसके ऊपर दीवार से सटाकर मूर्ति को बिठाया और मूर्ति के माथे में लाल सिंदूर पोत दिया। रोज़ सुबह नहा–धोकर

जाता और उस मूर्ति के पास एक अगरबत्ती जला आता। मंगलवार को आठ आने का बुनिया भी चढ़ाने लगा। देखादेखी और लोग भी स्कूल की टूटी दीवार से सटे हनुमान जी की मूर्ति पर हाथ जोड़ने आने लगे। कोई-कोई अगरबत्ती जला जाता।

मन्दिर तो था नहीं, चौतरे पर रखी मूर्ति थी। इसलिए स्कूल अपनी जगह चल रहा था, सुबह शाम मूर्ति पूजा अपनी जगह। शायद उन्हीं सेंट हेलेंस स्कूल में नौवीं बी के वीरेंद्र प्रसाद उर्फ़ बंटी ने एक निबंध में यह लिखा था कि राम सेवक सिंह उच्च विद्यालय जैसे स्कूल को देखकर यह समझ में आता है कि स्कूल को शिक्षा का मन्दिर क्यों कहा जाता है? ताकि शिक्षा और मन्दिर दोनों साथ-साथ चलता रह सके...

बात फैली तो दोनों स्कूलों के लड़कों में मारा-पीटी होते-होते रह गई थी। तनाव तो काफ़ी दिनों तक चलता रहा। राम सेवक सिंह उच्च विद्यालय के लड़के अगर सेंट हेलेंस स्कूल के सामने या पीछे से गुज़रते तो आदतन एक पत्थर उठाकर उस स्कूल की दिशा में फेंक देते थे।

अब मैं भी क्या से क्या याद करने लगा।

हनुमान जी की उस मूर्ति की कहानी चल रही है तो छकौरी पहलवान की कहानी नहीं आए यह हो ही नहीं सकता। छकौरी पहलवान न होता तो मेरे गाँव अन्हारी को जानने वाले भी कहाँ होते! छकौरी पहलवान का नाम ज़िले में लगने वाले पशु बाज़ारों, हनुमानी झंडों, नवरात्र के मेलों, रामनवमी मेलों में शान से लिया जाता था। जब चौदह साल का था तब पट्टीदारी के झगड़े में उसने अपने पड़ोसी दादा रामसागर बाबू को ऐसा पटका कि वे फिर खाट से उठ नहीं पाए। आने वाले कुछ सालों में यह हुनर उसने कई बार दिखाया। सामने वाले को ऐसे पटकता जैसे अखाड़े में एक पहलवान दूसरे पहलवान को पटकता है। कमर के पास हाथ से गिरह बनाता और झटके में पैर की गिरह खोल देता। सामने वाला मुँह के बल गिरता। जिस दिन उसने लखनदेई नदी के किनारे शहर के नामी

बदमाश सदरुल तूफ़ानी को पटका उस दिन उसको सब जान गए, मान गए कि अगर कुछ साल ज़िंदा बच गया तो ज़िला सीतापुरी में आने वाले टाइम में उसी का डंका बजने वाला था।

कुछ लोग यह भी कहते, जिस तरह से नज़र में आया है डर है कि कहीं नज़र न लग जाए। ऐसे ही शमशेर सिंह आया था। 18 साल की उमर में बुलेट पर सवार होकर निकलता तो सड़क के दोनों तरफ़ दुकानों के शटर गिरने लगते थे। उसने कभी किसी को मारा नहीं लेकिन दहशत उसके नाम की थी। नंदन यादव ने उसकी मोटरसाइकिल को हाथ से धक्का दे दिया था। उसी रात गया और उसके घर के बाहर गोली तड़तड़ाते हुए अपने नाम का पहला अक्षर एस. बना आया था। कहते हैं ख़ाली समय में होस्टल में गोली चला-चला कर अपना पूरा नाम लिख लेता था। सब कहते—कलाकार है। कला को मर्दानगी से जोड़कर देखने का रिवाज था उधर। इसलिए नाचने-गाने जैसी कला को कला नहीं स्त्रैण काम माना जाता था, और कोई पुरुष इन कामों में अच्छा निकल जाता तो उसको मउगा बोल दिया जाता। पुरुषों की कलाकारी ऐसे ही कामों में मानी जाती थी जिसमें शमशेर सबसे माहिर था।

लेकिन ऐसे मारा गया कि किसी को विश्वास ही नहीं हुआ। दुर्गा पूजा के भसान में भीड़ के धक्के से पुल के नीचे गिर गया। जब तक गोताखोर कूदते लखनदेई में लाश बहती चली गई। दो दिन बाद लाश नेपाल बॉर्डर पर मिली थी। सब कहते—नज़र लग गई। एक ऐसा चिराग़ था जो ठीक से जला भी नहीं था कि बुझ गया। समय कब किसको कहाँ पटक दे कोई नहीं जानता। बड़े से बड़े सवार की गाड़ी सड़क से जा रही होती है कि ऊपर से और नहीं कुछ तो पेड़ गिर जाता है। जो होनी में होता है वह हो ही जाता है!

छकौरी पहलवान के इस हुनर की खबर फैलते-फैलते जब गाँव परोरी के सुमन्त पहलवान के पास पहुँची तो एक दिन उन्होंने छकौरी को

बुलवाया। उन्होंने उसको सामने खड़े आम के पेड़ पर चढ़ने का आदेश दिया। वह ऐसी तेज़ी से पेड़ पर चढ़ा जैसे कोई गिलहरी चढ़ती है। जब वह पेड़ से उतरा तो सुमन्त पहलवान ने छकौरी को दूर इशारे से दिखाया। ध्यान से देखने पर समझ में आया कि वहाँ खेत में पानी पटाने के लिए बोरिंग चल रही थी। पहलवान ने वहाँ जाकर वापस लौटने के लिए कहा। वह गया और ऐसे लौटा जैसे शिकारी कुत्ता।

सुमन्त पहलवान ने भाँप लिया कि लड़के में ताक़त की कोई कमी नहीं है और सबसे बड़ी बात कि लक्ष्य से भटकता नहीं। ज़िन्दगी पहलवानों को बनाने-बिगाड़ने में बिता दी थी, होनहार पहलवान को पहचानने में उनकी नज़र धोखा नहीं खा सकती थी। इतने होनहार लड़के को शिष्य बनाने का मौक़ा भला क्यों छोड़ते। छकौरी के भाग्य के साथ-साथ उनकी गुरुपंथी भी चमक जाती। उन्होंने तत्काल उसको अपने अखाड़े में आने का आदेश दिया और बोले, ''पहलवानी शुरू कर दो, अभी जितनी मेहनत करोगे आगे चलकर उतना ही नाम कमाओगे, और दाम तो नाम की चेरी होती है। जिसके पास नाम हो जाता है दाम आने में देरी नहीं लगती।''

साल दो साल सुमन्त पहलवान की देखरेख में छकौरी तैयार पहलवान बन गया। भुतही गाँव के महावीरी झंडे का दंगल बड़ा प्रसिद्ध था। सुमन्त पहलवान ने उसी में छकौरी को पहली बार उतारने का फ़ैसला किया। तिरहुत-मिथिला-नेपाल के बड़े-बड़े पहलवान न जाने कब से उस मेले में जुटते थे। अगर वहाँ जीतकर वह सबकी नज़र में आता तो छकौरी पक्का पहलवान बन जाता। छकौरी भी तैयार। उसको जानने-देखने वाला हर आदमी एक बात समझ लेता था, उसके चेहरे पर न कभी कोई शिकन दिखती न किसी तरह का भय। आधी लड़ाई तो वह अपने चेहरे से ही जीत लेता था। छकौरी इस बात को अच्छे से जानता था कि उसके पास हारने का विकल्प नहीं था। अगर हारता तो जहाँ था उससे और पीछे चला जाता। उसका सपना आगे बहुत आगे जाने का था।

इसलिए दंगल वाले दिन स्कूल के उसी चौतरे वाले हनुमान जी के पैर के पास की मिट्टी उठाकर उसने अपने माथे पर लपेटी और चल दिया दंगल के लिए। जैसे चमत्कार हो गया। चार नामी पहलवानों को धूल चटाकर शाम को जब वह वापस गाँव लौटा तो वह छकौरी से छकौरी पहलवान बन चुका था। कोई उसके बल की महिमा गाता कोई हनुमान जी के प्रताप की। लौटकर वह घर जाने के पहले चौतरा हनुमान गया और ईनाम में नगदी के अलावा जो गदा उसको मिला था उसने हनुमान जी को चढ़ा दिया।

चौतरा हनुमान जी प्रसिद्ध होने लगे। चढ़ावा चढ़ने लगा। चढ़ावा देखकर उसको समेटने के लिए पुराने मठ से पंडित जी आ गए। घड़ीघंट बजने लगा, प्रसाद बंटने लगा। छकौरी था कि दंगल पर दंगल जीतता जा रहा था। हर बार उसी तरह दंगल के पहले हनुमान जी के मन्दिर आता, मूर्ति के पैर के पास की धूल उठाकर माथे से लगाता और दंगल जीतकर लौटता। कहते हैं चार साल में उसने 56 दंगल जीते। बाद में जब उसकी कहानियाँ सुनी-सुनाई जाने लगीं तो कुछ लोग उसको छपनिया पहलवान कहकर याद करते।

भारत-नेपाल के चार ज़िलों में एक भी ऐसा दंगल नहीं था जो छकौरी पहलवान के नाम न हुआ हो। ज़िले में छकौरी का नाम हो गया। लोग कहते, अखाड़े में उतरता है तो लगता है साक्षात हनुमान जी असवार हो गए हों।

जब बड़े बुज़ुर्ग बैठते तो कहते, गामा पहलवान से कम जुनरबी नहीं है छकौरी! बस एक बार सीतापुरी से निकलने की देर है, इसकी पहलवानी दुनिया देखेगी। अभी तो छप्पने जीता है...

उधर उसकी पहलवानी चमकती जा रही थी इधर चौतरा हनुमान जी का मन्दिर बनता जा रहा था। मन्दिर की दीवार पक्की हो गई थी। सड़क के पोल से खींचकर किसी भक्त ने वहाँ बिजली का भी इंतज़ाम कर दिया था, किसी ने ठंडे पानी के लिए कूलर भी लगवा दिया। स्कूल

में पीने के पानी का कोई इंतज़ाम नहीं था इसलिए स्कूल के बच्चे भी पानी पीने उधर जाने लगे। एक दिन किसी ने मन्दिर के ऊपर नाम भी लिख दिया—चौतरा हनुमान मन्दिर। मन्दिर आने वालों की तादाद बढ़ने लगी। हारी-बीमारी वाले आते, वे आते जिनकी बेटियों के वर नहीं मिल रहे थे, जिनके बच्चे ग़ायब होने के बाद कभी नहीं मिले।

मैं स्कूल के बच्चों की बात नहीं करना चाहता। कहते हैं जब से मन्दिर में पूजा शुरू हुई स्कूल का रिज़ल्ट भी अच्छा होने लगा। ऐसा नहीं है कि बच्चे अब फेल नहीं होते थे, लेकिन पास होने वाले पहले से अधिक होते जा रहे थे। सब कहते हनुमान जी गाँव समाज का उद्धार करने के लिए ही स्कूल में प्रकट हुए। वे समाज का भविष्य उज्ज्वल बनाना चाहते हैं, अन्हारी गाँव को दुनिया में चमकाने के लिए आए हैं। कहने वाले कहते कि मन में कोई कामना लेकर चार मंगलवार अपने घर से दंड पाड़ते हुए जो चौतरा हनुमान जी पहुँचता था उसकी मनोकामना पूरी हो जाती थी। जितने मुँह उतनी बातें...

चौतरा हनुमान, छकौरी पहलवान—स्कूल उन दिनों गाँव में हमारा दिन खत्म हो जाता क़िस्से खत्म नहीं होते थे। छकौरी की पहलवानी के चर्चे थे तो मन्दिर के हनुमान जी के माहात्म्य के भी थे। लोग कहते कि हनुमान जी ने जैसे अपना बल छकौरी को दे दिया था। जिसको न तो बचपन से ठीक से दाना मिला न पानी, दूध, घी, दही सब उसके लिए दुर्लभ पकवान की तरह थे लेकिन फिर भी इतना बलशाली निकला कि गाँव के बड़े-बड़े ज़मींदार, किशमिश की तस्मई खाने वाले ज़मींदारों के, बाबू साहबों के बच्चे उसके सामने कहीं नहीं ठहरते थे।

सब यही कहते कि हनुमान जी की उसने जो सेवा की उसी से प्रसन्न होकर हनुमान जी ने उसको अजेय बलशाली होने का वरदान दे दिया है।

चौतरा हनुमान का प्रधान सेवक तो छकौरी ही था। उसके होने से

मन्दिर की रौनक़ हो गई थी। वह अखाड़े में जाने के पहले और जीतने के बाद मन्दिर ज़रूर आता। मारुतिस्तोत्र का जाप करता। दिन पर दिन उसकी ख्याति बढ़ती ही जा रही थी। सांसद, विधायक से लेकर, बाबू-अफ़सर तक, गली मोहल्लों में उसी के नाम के चर्चे करते। इंटरनेट और गूगल पूर्व उस युग में छकौरी के कारण सीतापुरी का माहौल जीवंत बना रहता था। सब कहते कि हनुमान जी की सिद्धि मिली है उसको। जब तक चाहेगा हारेगा नहीं। 56-56 दंगल लगातार जीतना कोई मामूली बात थोड़े है।

उधर उसके दंगल के चर्चे रहते इधर चौतरा हनुमान मन्दिर में भीड़ बढ़ती जाती। सब उस सिद्धि की तलाश में थे जो छकौरी को मिली और वह नामी पहलवान बन गया। उधर बुढ़ापे में सुमन्त पहलवान के यहाँ दंड पेलने वाले भी पहले से ज़्यादा आने लगे थे। हनुमान जी छकौरी को बल दे रहे थे छकौरी के कारण अन्हारी गाँव के आस-पास के नवयुवकों का भाग्य बदलता जा रहा था।

हम क़िस्से-कहानियों में जीने वाले लोग थे। फिर कुछ ऐसा हुआ कि क़िस्सों की झड़ी लग गई...

किस्से आगे आगे चलने लगे और सच उनके पीछे-पीछे दौड़ रहा था और हाँफ रहा था।

कुछ के कुछ और होने की कहानी

अचानक ही कुछ ऐसा होता है कि हमारे सोच की, जीवन की दिशा बदल जाती है। आसमान में उड़ती चिड़िया अचानक धरती पर गिर जाती है। आदमी पैदल चल रहा होता है कि ऊपर से बिजली गिर जाता है। कभी भी कुछ भी हो जाता है। हो सकता है।

एक बार की बात है। मैं अपने गाँव से किसी काम से बाज़ार गया था। बाज़ार में शाम हो गई और शाम के समय ज़ोरदार बारिश शुरू हो गई। ऐसी बारिश कि रुकने का नाम ही न ले। मैं बारिश रुकने का इंतज़ार करता रहा। दुकान बदल-बदल कर बैठा रहा। लेकिन एक समय आया जब सारी दुकानें बंद हो गईं। यहाँ तक कि महंथ साह चौक की वह आख़िरी पान की दुकान भी जिसके शेड में खड़ा होकर मैं बारिश रुकने का इंतज़ार करने लगा। बारिश नहीं रुकी और मेरे पास बारिश से बचने का आख़िरी ठिकाना भी जाता रहा।

थक-हारकर मैंने भीगते हुए ही पैदल अपने गाँव जाने का रास्ता पकड़ लिया। ज़ोरदार बारिश, बादलों की गर्जन और बीच-बीच में चमकती बिजली— माहौल किसी भूतिया फ़िल्म जैसा लग रहा था। सड़क सुनसान थी। मुझसे कुछ दूरी पर एक और आदमी पैदल चलता जा रहा था। जिससे मुझे कम-से-कम यह भरोसा तो था कि मैं अकेला नहीं था। अचानक ज़ोर की बिजली कड़की और ऐसा लगा जैसे बिजली मेरे सामने गिर गई हो। वह चलती-फिरती छाया गुम हो

गई थी। दरअसल बिजली उसी के ऊपर गिरी थी। उस दिन को याद करता हूँ तो आज भी सिहर उठता हूँ। मेरे सामने चलती-फिरती एक छाया अचानक ग़ायब हो गई थी। क्या हुआ होता अगर वह बिजली मेरे ऊपर गिर गई होती!

ज़िन्दगी का लुत्फ़ यही है कि हम जो सोचें उससे उलट हो जाए। जब सब कुछ अपने सोचे के मुताबिक़ होने लगे, सबको अपने किए का उचित फल मिलने लगे, सबके साथ न्याय होने लगे तो ज़िन्दगी कितनी बोरिंग हो जाएगी न!

यह कहानी भी बोरिंग होती जा रही थी कि एक रात में पूरा कथानक बदल गया। एक मंगलवार की सुबह जब पंडितजी मन्दिर के कपाट खोलने पहुँचे तो पाया कि मन्दिर की खिड़की के छड़ ज़मीन पर पड़े थे, मन्दिर में ईंट पड़ी थी और हनुमान जी की मूर्ति भी टेढ़ी हो गई थी। ऐसा लग रहा था मानो किसी ने हनुमान जी को उठाकर पटक दिया हो। पंडित जी बाहर निकलकर चिल्लाने लगे।

स्वच्छता अभियान के बहुत पहले के दिनों की बात है। स्कूल भी आबादी से कुछ दूर था इसलिए दिशा मैदान वाले बहुत लोग बैठे हुए थे। कोई लोटा छोड़ कर दौड़ा, कोई लोटा संभाल कर भागा, कोई धोकर भागा, कोई बिना धोए लुंगी गिराकर भागा। सब भागने लगे। जिस दिशा में आगे वाला भागा था उसी दिशा में सब भागने लगे।

सब ने देखा—चौतरा हनुमान जी गिरे पड़े थे। देखने से साफ़ था कि किसी ने वहाँ आकर तोड़फोड़ की थी। जो भी था उसका इरादा चोरी नहीं था, मन्दिर का पंखा, लाइट, पीतल का घड़ा सब जस के तस थे। जो भी था उसका मक़सद हनुमान जी को पटकना भर था। खिड़की की छड़ निकाली, अंदर आया, हनुमान जी को पटक कर बाहर निकल गया।

हनुमान जी जिस तरह औंधे मुंह गिरे पड़े थे, खिड़की के छड़ को

तोड़कर निकालने के लिए जिस बल की ज़रूरत थी, उसको देखते हुए साफ़ लग रहा था कि हो न हो छकौरी पहलवान ने किया हो। खुसुर-पुसुर हो रही थी। जिस हनुमान जी ने छकौरी को पहलवान बनाया, जिस छकौरी ने 56-56 दंगल जीते, अखाड़े में जिसके ऊपर हनुमान जी स्वयं असवार हो जाते थे उसी छकौरी ने ऐसा कांड कर दिया।

किसी को विश्वास नहीं हो रहा था।

उसको किसी ने गाँव में देखा भी नहीं था। कल वह जनकपुर नेपाल में आयोजित दंगल में गया था। बहुत बड़ा दंगल था। सीता जयंती के दिन न जाने कब से वह दंगल आयोजित हो रहा था। 56 दंगल की जीत अपनी जगह थी, जनकपुर दंगल जीतना बड़े पहलवान के रूप में स्थापित होना था। बरसों पहले सुमन्त पहलवान ने उसी दंगल को जीता था। उसी के दम पर आजीवन पहलवान कहलाया। उसी के दम पर नेपाल के नामी जलेश्वर एस्टेट का मैनेजर बना। छकौरी की भी ख्वाहिश थी कि छोटे-बड़े दंगल सब जीत लिए, एक बार जनकपुर दंगल जीत कर कुछ लम्बा हाथ मारा जाए।

सुबह भी सब कुछ सामान्य ही था। हमेशा की तरह दंगल के लिए निकलने से पहले मुँह-अंधेरे हनुमान जी के चरणों की रज माथे पर लगाकर निकला था। माथे पर उस धूल को लगाने के बाद आज तक छकौरी हारा नहीं था। सब जानते थे छकौरी दंगल नहीं हारेगा। सब जानते थे इसलिए छकौरी भी जानता था कि वह दंगल हारने के लिए नहीं बना था। वह भी नेपाल में, हारने का कोई सवाल ही नहीं उठता था। नेपाली पहलवानों को वह पहले भी कई बार पटक चुका था। भारू के सामने नेपाली की क्या औक़ात...

दिन भी मंगलवार था। हनुमान जी के दिन छकौरी हार जाए आज तक चौतरा हनुमान जी ने ऐसा होने दिया था जो आज होने देते। लेकिन कई बार वह हो जाता है जो हमने सोचा नहीं होता है। उस दिन उसका

मुक़ाबला एक नाटे पहलवान से था। धुआ-धजा (कद-काठी) में वह कहीं से छकौरी के आस-पास नहीं ठहरता था। कुश्ती शुरू हुई। शुरुआती दांव में छकौरी भारी लग रहा था लेकिन अचानक दांव पलट गया। नाटे पहलवान ने आगे बढ़कर छकौरी का पाँव पकड़ कर खींच दिया। जब तक वह कुछ समझता अखाड़े में चित्त। सीता जयंती के मेले में हज़ारों की भीड़ के सामने छकौरी पहलवान चित्त पड़ा था। वही छकौरी जिसने 56 दंगल लगातार जीते थे। गाँव में दक्षिण टोले में रहने वाला चमन भी दंगल देखने गया था। गाँव में लौटकर उसी ने सारी कथा सुनाई।

"अचानक कहीं निकल गया। अखाड़े के बाद ईनाम भी मिलने वाला था। लेकिन रुका ही नहीं। हारने वाले के लिए भी अच्छा ईनाम था। सीतामंडली अखाड़े के पास अभी भी उसका ईनाम रखा हुआ है," चमन कह रहा था। सब मान रहे थे। और उपाय ही क्या था। चमन साथ गया था। पूरा दंगल देखकर लौटा था। अब वह कह रहा था तो सही ही कह रहा होगा। ज़माना और था। कोई भी किसी की बात पर बिना पूर्वा साखी के भरोसा कर लेता था। लोग एक-दूसरे पर विश्वास करते और उसी विश्वास के सहारे समाज चल रहा था।

देखते-देखते छकौरी एक इंसान से क़िस्से-कहानी में बदल गया। जितने मुँह उतनी बातें। कई दिनों तक सुबह-शाम की जुटानी गाँव में छकौरी के नाम ही रहती। कभी कोई कहता शहर में कोर्ट बाज़ार में है, कोई कहता जनकपुर में ही रह रहा है। गोपाल शर्मा तो ताल ठोककर कहता कि जनकपुर में मुरली चौक पर इलेक्ट्रोनिक सामान की दुकान लगाई है। बहुत दिन से दंगल की कमाई जोड़-जोड़ कर वहाँ लगा रहा था। उसका तो यहाँ तक कहना था कि नेपाली पहलवान से हारने के लिए भी छकौरी ने पैसा लिया था। तभी चौतरा हनुमान जी ने उसको पटक दिया। घर वाले सब जानते हैं, कोई कुछ बोल नहीं रहा।

चमन इस तरह की बातों का साफ़-साफ़ खंडन करता। इसी

तरह के खंडन-मंडन से छकौरी पुराण चल रहा था। कोई छकौरी के अचानक ग़ायब हो जाने को ज़िले की राजनीति से जोड़कर देख रहा था। जिसकी कल्पना जहाँ तक जाती, जिसकी महारत इनमें से जिस क्षेत्र के क़िस्सों में थी उसी क्षेत्र से जोड़कर छकौरी की कहानी सुनाने लगता। वह दिखाई कहीं नहीं दे रहा था लेकिन क़िस्से-कहानियों में अमर होता जा रहा था।

खत्म जवानी शुरू कहानी

जो यह समझ रहे थे कि चाय बिस्कुट की तरह छकौरी की कथा सुबह के साथ समाप्त हो जाएगी वे शायद छकौरी को तो समझते थे, अन्हारी गाँव को समझते थे, लेकिन हवा के रुख़ को नहीं समझ पा रहे थे।

छकौरी हवा था या हवा का रुख़, कहना मुश्किल था। वह ज़माना ही कुछ ऐसा था कि कुछ भी कह पाना मुश्किल था। 1990 के दशक की बात कर रहा हूँ, जिसके शुरुआती सालों में देश के भूतपूर्व प्रधानमंत्री की हत्या हुई थी। देश के एक अल्पकालिक प्रधानमंत्री ने मंडल कमीशन की सिफ़ारिशों को लागू करके अचानक पिछड़ों को सत्ता की धुरी बना दिया था। देश के अगले प्रधानमंत्री ने उदारीकरण को दिशा देते हुए भारत को विश्व बाज़ार बना दिया। कुछ समय बाद अयोध्या में मस्जिद तोड़ डाली गई और देश में सांप्रदायिक ध्रुवीकरण का दौर शुरू हो गया।

मंडल-कमंडल-भूमंडल का दौर शुरू हुआ। भावनाएँ भड़की हुई थीं, कोई उसमें घी डाल रहा था, कोई पानी डालने के बहाने धुआँ फैला रहा था। कब किसकी भावनाएँ आहत हो जाएँ कह पाना मुश्किल होता जा रहा था। हवा चल रही थी और उसका रुख़ बदलता जा रहा था। जो पीढ़ियों से राजनीति, सत्ता को अपनी अपनी पुश्तैनी संपत्ति समझ रहे थे अचानक जैसे ज़मींदारी उन्मूलन की चपेट में आ गये हों!

पुराने भूदानी जयनंदन शर्मा का यह कथन उस दौर में याद आता

था—और तो और सड़क पर केले के छिलके फेंकने के कारण भी आंदोलन हो सकता है। इसलिए हर काम सावधानी से करना चाहिए। हर बात पर ध्यान देना चाहिए। जाने किस बात में कौन सा अवसर निकल आए।

बात 1942 की है। शहर में अंग्रेज़ कलक्टर दौरे पर आया हुआ था। मॉरिस जॉनसन नामक उस कलेक्टर को अपने कारनामों के लिए आज भी याद किया जाता है। चंपारण के जंगलों में नरभक्षी बाग़ों का उन दिनों बड़ा आतंक था। रात के अंधेरे में बाघ आस-पास के गाँवों से मवेशी उठाकर ले जाते, दिशा मैदान के लिए निकली औरतों को उठा ले जाते। किसी को शहर से गाँव लौटने में रात-बेरात हो जाती तो घर क्या पूरे गाँव वाले तब तक जगे रहते जब तक कि शहर गया व्यक्ति वापस न आ जाए। शहर से गाँव आने के रास्ते में थोड़ी दूर तक घना जंगल था। गाँव के कई लोगों का पता ही नहीं चला। लोग डरे-सहमे रहते। कहते हैं मॉरिस जानसन ने चार नरभक्षी बाघों का शिकार किया था। इस कारण उसको लोग बाघ सरकार कहने लगे थे।

सुनने वाले सुनाते थे कि वही कलेक्टर साहब जब सीतापुरी बाज़ार में फिटन से उतरे तो नीचे केले का छिलका पड़ा था। उनका पैर फिसला और वे मुँह के बल गिर पड़े। कहते हैं ग़ुस्से में आकर उन्होंने आस-पास के सभी दुकानदारों से सड़क पर झाड़ू लगवा दिया। दुकानदारों के साथ-साथ दुकान में खड़े लोगों को भी सड़क साफ़ करने का आदेश दिया गया।

बस इसी बात से बवाल हो गया।

दुकान व्यापारियों की थी लेकिन कुछ दुकानों में आस-पास के बाबू ज़मींदार भी बैठे थे। उनको भी झाड़ू लगाने का आदेश दिया गया। कहते हैं खबर आग की तरह फैल गई कि बाबू साहब लोग शहर में झाड़ू लगा रहे हैं। बस क्या था गाँवों से लोग उमड़-उमड़ कर आने लगे और सरकारी गाड़ियों, दफ़्तरों पर पत्थर मारने लगे। सरकारी वर्दी में जो दिखा उसी को दौड़ाने लगे। शहर से सारे सरकारी लोग भागकर छिप गये थे।

बाद में लोग केले के छिलके को भूल गए, मॉरिस जॉनसन को भूल गए। कहानी यह बनाई सुनाई जाने लगी कि 9 अगस्त को भारत छोड़ो आंदोलन की घोषणा हुई और उसके पंद्रह दिन बाद ज़िले के हज़ारों लोगों ने जिलादार खान, रामधारी राय और अदौरीलाल साह के नेतृत्व में सरकारी दफ़्तरों पर धावा बोल दिया। लोग कहते कि उस दिन ज़िले में अंग्रेज़ी सरकार के सभी साहब-बाबू दफ़्तर छोड़कर छिप गये थे। उस एक दिन ज़िले में अंग्रेज़ी राज नहीं रह गया था। इतिहास में भले यह लिखा हो कि सन् बयालीस के आंदोलन में पहली नागरिक सरकार ज़िला बलिया के आंदोलनकारियों ने बनाई थी। असल में ऐसा नहीं था। बस इतना हुआ था कि सीतापुरी वाले इतिहास लिखना नहीं जानते थे। इसलिए उनकी बात कहीं दर्ज नहीं हो पाई, मुँहा-मुँही ही चलती रही।

सीतापुरी में भारत छोड़ो आंदोलन की इस कथा को लोग गर्व से सुनाते। आज़ादी के बाद शहर में इन तीनों को स्वतंत्रता सेनानी के रूप में सम्मानित किया जाने लगा। ज़िले के बड़े-बड़े प्रोग्राम में उन लोगों को बड़े आदर से बुलाया जाता, कहीं फ़ीता कटवाया जाता, कहीं स्कूल, कॉलेज में बच्चों को प्रेरणा देने के लिए भाषण देने के लिए बुलाया जाता।

समय बहुत आगे बढ़ चुका है। लेकिन कहानियाँ अभी भी उसी तरह सुनी-सुनाई जा रही थीं। समय के साथ किस्से-कहानियों की उम्र भी बढ़ती जा रही थी। जिनको इतिहास में जगह नहीं मिल पाती क़िस्से-कहानियों में उनकी यादों को संजो दिया जाता है। अब तो ऐसा समय आ गया है कि इतिहास के नाम पर कोई भी क़िस्सा-कहानी सुना देता है। जिस मन्दिर को पचीस पचास साल से पहले कोई जानता तक नहीं था उसको भी प्राचीन बताया जाने लगा है। कुछ साल पुराने तालाब को भी प्राचीन नदी की सुप्त धारा के स्त्रोत से बना बताया जाने लगा है। पावन दिनों में लोग वहाँ स्नान करते भी दिखाई दे जाते।

इतिहास और क़िस्से-कहानियों की सीमा रेखा मिटती जा रही थी।

इतिहास-पुस्तकों को पढ़ने वाले कम होते जा रहे थे लेकिन इतिहासकारों के लिखे इतिहास ग्रंथों को झूठा बताने वाले बढ़ते जा रहे थे। जिन्होंने इतिहास बनाया था उनको इतिहास से मिटाने की कोशिशें हो रही थीं। छकौरी इतिहास से ग़ायब हो गया था लेकिन भविष्य के लिए क़िस्से बनाये जा रहे थे। जिस छकौरी को अब तक वे घर का जोगी समझते आए थे वह गाँव का सिद्ध होता जा रहा था।

बात अन्हारी गाँव से बाहर फैलती जा रही थी। जितने मुँह उतनी बातें।

ऐसा मानने वाले भी बहुत थे जिनको इस बात पर विश्वास था कि और कोई बात नहीं है, छकौरी ने वापस आकर मन्दिर तोड़ा, फिर ग्लानि या कहिए डर के मारे कहीं छिपा हुआ है। मामला ठंडा हो जाए तो आ जाएगा। पंच-पंचायती बैठेगी, कुछ प्रायश्चित तय होगा, मामला सेटल। कुछ का यह भी मानना था, उसके घर वाले सब जानते थे। बस चुप थे। लेकिन इस मत को उसके गाँव में कम ही लोग मानते थे। सब जानते थे कि घर में रहता ही कितना था। सारा समय तो अखाड़े-दंगल में रहता था।

घर वाले एक तरह से उससे परेशान भी थे। खुराक इतनी जुटानी पड़ती थी उसके लिए लेकिन कमा कर कुछ नहीं देता था। उसके जैसे दूसरे लड़के नेता-व्यापारी के आगे-पीछे के काम में लग गए थे। कुछ कमा भी लेते थे। बीच-बीच में जीप में बैठकर घर भी आ जाते। छकौरी दंगल में जीतकर जो लाता था उससे ज़्यादा तो उसकी खुराक में खर्च हो जाता था। नाम इतना था और काम कुछ नहीं। महंगा था लेकिन मँगनी का था।

फिर भी घर वालों को उसकी बिलकुल कोई खबर न हो इस बात की संभावना लगती तो नहीं थी। पर पहलवान की बुद्धि का कुछ कहा भी नहीं जा सकता। उसके पिता जागेश्वर यादव साफ़-साफ़ कह रहे थे कि उनको कुछ पता नहीं है। वैसे भी उसने जो काम किया है उसके बाद वह उनकी नज़रों से गिर चुका था। घर परिवार के बाक़ी लोग भी उसके बारे में बात करने के पहले उसको ख़ारिज करने में लग जाते। भगवान की मूर्ति कौन

तोड़ता है भला? सो भी परतापी चौतरा हनुमान मन्दिर की मूर्ति!

कहानी बस गोपाल शर्मा की चल रही थी। उसने पहले ही ऐलान कर दिया था कि छकौरी ने जनकपुर के मुरली चौक पर इलेक्ट्रोनिक सामान की दुकान खोल ली है। लेकिन इस कहानी में कई झोल थे। अगर उसको दुकान खोलनी ही थी तो दंगल हारने के बाद क्यों? वह तो कभी भी खोल सकता था। वह भी इतनी दूर जाकर क्यों? वह जिस तरह से सुना रहा था उसी से लग रहा था कि कहानी थी। कहानी थी इसीलिए इसको सुनाकर इसका खंडन-मंडन शुरू हो जाता। पहले यह सब शुरू हुआ अन्हारी गाँव में लेकिन धीरे-धीरे इस कहानी को सुनाने वाले और सुनने वाले बढ़ते जा रहे थे।

गाँव में तो यह कहानी छकौरी के ग़ायब होने, दुकान खोल लेने, कहीं छिपे होने के आस-पास ही चक्कर काट रही थी लेकिन जब यह कहानी बाहर निकली तो उसमें उपकथाएँ जुड़ने लगीं। सबसे बड़ी उपकथा चौतरा हनुमान की मूर्ति टूटने से जुड़ी थी। ऐसा नहीं है कि गाँव वाले मन्दिर के टूटने से दुखी नहीं थे। लेकिन जैसा कि गाँव के ठाकुरबाड़ी के पंडित गणपत झा का कहना था कि चौतरा हनुमान मन्दिर तो था ही नहीं क्योंकि मूर्ति की स्थापना नेम-टेम से नहीं हुई थी। चौतरा हनुमान में लोगों की आस्था बहुत कम समय में बहुत अधिक हो गई थी इसलिए अब यह ज़रूरी था कि एक भव्य मूर्ति का निर्माण करवाया जाए।

गणपत झा से जो मिलता उससे वे यही कहते। कहते, जो खंडित हुई वह आस्था थी लेकिन अब उस आस्था को बरकरार रखने के लिए ज़रूरी है कि एक भव्य मूर्ति का निर्माण करवाया जाए और नेम टेम से चौतरा हनुमान मन्दिर में उसकी स्थापना की जाए। मूर्ति खंडित हुई थी यह सब जानते थे। इतना काफ़ी था। यह जानना अब मायने नहीं रखता था कि मूर्ति को खंडित किसने किया। गाँव के सम्मान को बनाए रखने के लिए ज़्यादा ज़रूरी है चौतरा हनुमान की मूर्ति बनवाई जाए, लगवाई

जाए। सीता की धरती पर हनुमान जी का ऐसा अनादर हुआ है तो ज़रूरी है कि उस पाप से मुक्त हुआ जाए। नहीं तो न जाने क्या अनिष्ट हो जाये। क्या जाने कौन सी बिपदा आ जाये!

गाँव में बात मन्दिर बनाने को लेकर हो रही थी तो बाहर बात इसको लेकर हो रही थी—अन्हारी गाँव के चौतरा हनुमान का महातम बढ़ता जा रहा था। चौतरा पर भगवान अपने आप प्रकट हुए थे। आज तक किसी ने यह नहीं बताया कि वहाँ हनुमान जी की भूर्ति किसने रखी, किसने पूजा शुरू की, लेकिन धीरे-धीरे आस-पास के गाँवों में मन्दिर का महातम बढ़ता जा रहा था। न जाने कौन आया, न जाने कौन तोड़ गया। जाने क्या अनिष्ट हो जाए। गणपत झा का यही कहना था कि अदृश्य सत्ता इसी तरह संकेत देती है। कोई बड़ी विपदा न आ जाए कहीं। ईश्वर स्कूल के पास प्रकट हुए थे। नई उमर की नई फ़सलों के लिए कोई संदेश रहा होगा इसमें। क्या पता आने वाली संततियों को क्या भुगतना पड़ जाये। प्रकोप के आने का कोई निश्चित समय तो होता है नहीं। लेकिन उसकी शांति के उपाय तो किये ही जा सकते हैं। देवताओं के कोप को दूर करने के काम तो किये ही जा सकते हैं!

मन्दिर की कहानी उभरती जा रही थी और लग रहा था कि छकौरी की कहानी पार्श्व में जा रही थी कि बथनाहा गाँव के नीलेश शर्मा ने नया खुलासा किया।

उसका कहना था सब झूठ है। झूठ है कि छकौरी जनकपुर दंगल में हारने के बाद वहीं बस गया। वह एक दिन पहले ही शाम जनकपुर से लौटा था। जाने से पहले उसने भी सुना था कि जनकपुर में छकौरी ने इलेक्ट्रोनिक सामान की दुकान खोल ली है। उसने सोचा कि बच्चों के लिए एक घड़ी वाला कलम और 'सोनी' या 'पैनासोनिक' ब्रांड का एक ट्रांज़िस्टर ले ले। रात-बिरात पानी पटाने के लिए खेत में रहना पड़ता है और ऐसे में ट्रांज़िस्टर रहेगा तो मन लगा रहेगा। वह मुरली चौक गया कि छकौरी की दुकान से लेगा तो क्या पता कुछ सस्ता मिल जाए। उसकी

दुकान में नहीं होगा तो कहीं और से दिलवा देगा।

लेकिन मुरली चौक पर छकौरी की दुकान नहीं थी। उसने पता किया। कई अलग अलग बाज़ारों में जाकर पता किया लेकिन छकौरी का कुछ पता नहीं चला। महीने भर में नई दुकानें खुली ही बहुत कम थीं। उन दुकानों में किसी दुकान का मालिक छकौरी नाम का आदमी नहीं था। यह पूरी कहानी थी जो बनाई गई थी। नीलेश शर्मा ने दावे के साथ कहा कि उसने कई पुराने दुकानदारों से इस बारे में पता किया था कि छकौरी नामक किसी आदमी ने नई दुकान खोली थी क्या? कोई जानता ही नहीं था।

यह बात अभी भी साफ़ नहीं हो पा रही थी कि उस शाम दंगल के बाद छकौरी वापस आया था या नहीं? आया था या नहीं आया था गोपाल ने यह कहानी क्यों फैलाई कि छकौरी ने जनकपुर में दुकान खोल ली थी। एक कहानी के बरक्स अब उसकी विरोधी कहानी सामने आ गई थी। कहानी जितनी सपाट बताई गई थी अब वह उतनी ही पेचदार होती जा रही थी। सुबह-शाम उठते बैठते लोग चर्चा करने लगे।

नीलेश शर्मा की कहानी फैल रही थी लेकिन गोपाल शर्मा ताल ठोंककर कह रहा था कि उसने अपनी आँख से दुकान देखी है। चाहे तो कोई भी उसके साथ चलकर देख सकता है। वहाँ कोई भी बता देगा कि छकौरी पहलवान की दुकान है।

कहानी में लग रहा था कि ठहराव आ रहा है कि इसमें एक द्वंद्व उपस्थित हो गया। कहानी कला के विशेषज्ञों का कहना रहा है कि कहानी तभी आगे बढ़ती है जब उसमें द्वंद्व आ जाता है। यहाँ द्वंद्व दो परस्पर विरोधी कहानियों का था।

पढ़ने में हिन्दी बोलने में इंग्लिश

किसी ने छकौरी को उस दिन मन्दिर में आते-जाते नहीं देखा था। जनकपुर के दंगल में उसकी जीत-हार देखने वाला एक आदमी था चमन। लेकिन उसके बाद वह कहाँ गया यह बताने वाला भी कोई नहीं। सबसे अजीब बात थी कि मन्दिर तोड़ने का मुक़दमा भी दायर नहीं किया गया था, न ही छकौरी के घर वालों ने उसकी गुमशुदगी की रपट थाने में लिखवाई थी। अजीब बात थी कि तब भी सब इस कहानी में विश्वास कर रहे थे, उसको सुना-सुनाकर आगे बढ़ा रहे थे कि छकौरी ने हनुमान जी की मूर्ति तोड़ दी थी। आस्था यथार्थ पर भारी पड़ती जा रही थी।

जब यह कहानी स्थापित होती जा रही थी कि इसको विस्थापित करते हुए एक दिन एक लोकल अख़बार में खबर छपी-छकौरी पहलवान को ग़ायब हुए महीना बीतता जा रहा है इसलिए मैं ज़िला प्रशासन से यह माँग करता हूँ कि इस मामले की उच्च स्तरीय जाँच करवाई जाए। यह माँग की गई थी ज़िले के छात्र नेता सुशील राय की ओर से।

अभी अख़बार की यह खबर दबती उससे पहले ही एक दिन सुबह शहर के लोगों ने देखा कि शहर में जगह-जगह पोस्टर लगे हुए थे, जिनमें छकौरी के अचानक ग़ायब होने को लेकर सवाल उठाए गए थे। घटना-दुर्घटना की बात अपनी जगह लेकिन इस पोस्टर के लगने के बाद छकौरी जैसे पहलवान के अचानक ग़ायब हो जाने की बात ज़ोर पकड़ती

जा रही थी। ज़िले से एक प्रतिभाशाली खिलाड़ी ग़ायब हो गया और सब कान में ठेपी डाले पड़े हुए हैं?

पोस्टर लगने के दो दिन बाद चक्र छाप वाले नेता बिरंचीलाल साह जी ने यह घोषणा करके राजनीतिक सरगर्मी बढ़ा दी कि अन्हारी गाँव में जनता के सहयोग से हनुमान जी के भव्य मन्दिर का निर्माण करवाया जाएगा। लोग आगे आएँ और स्वेच्छा से इसके लिए दान दें। भगवान की मूर्ति का टूटना बहुत बड़ा अपशकुन है और इसके प्रायश्चित के लिए ज़रूरी है कि मन्दिर बनाकर भगवान को धूमधाम से उसमें स्थापित कर दिया जाए। इस संबंध में उनके नाम से पोस्टर जारी किए गए और ज़िले के गाँव-गाँव में लगाये गये।

अगले ही दिन सुशील राय ने टाउन थाने में जाकर ज़िले के होनहार पहलवान छकौरी की गुमशुदगी की रपट लिखवा दी। ज़िले में कुश्ती की जानी-मानी प्रतिभा के अचानक ग़ायब हो जाने को लेकर थाने में प्राथमिकी यह कहते हुए दर्ज करवा दी कि ज़िले के एक जागरूक युवा होने के कारण उनका यह कर्तव्य बनता था कि इस बात की तरफ़ प्रशासन का ध्यान दिलाया जाए कि कई दिन से ज़िले का एक ईनामी पहलवान ग़ायब है। कहा जा रहा था कि दिन में जनकपुर में दंगल हारने के बाद वह लौट कर आया और गाँव में चौतरा हनुमान का मन्दिर तोड़कर भाग गया था।

जबकि इस घटना का कोई गवाह नहीं था फिर भी इस कहानी को सच मान लिया गया। पुलिस-प्रशासन की यह ज़िम्मेदारी बनती है कि वह छकौरी पहलवान जैसी उभरती हुई प्रतिभा का पता लगाए ताकि न्याय हो पाए। उसने यह आशंका भी व्यक्त की थी कि श्री छकौरी यादव के परिजन शायद किसी दबाव में चुप हैं।

सुशील राय ज़िले के नामी गोयनका कॉलेज में बीए फ़ाइनल ईयर में पढ़ता था, हॉस्टल में रहता था और पहले साल ही उसका नाम हो

गया जब उसने एक लफुआ का हाथ पकड़ कर पीछे ऐंठ दिया था। उसी घटना के बाद से शहर के दुकानदार उसको पहचानने लगे थे। बाज़ार आने-जाने वाले लोग उसकी मोटरसाइकिल आते देखते तो पहले से ही किनारे हो जाते कि कहीं कुछ हो न जाये। उसने काम ही ऐसा किया था!

बबलू शाही नाम के उस लफुआ की दादागिरी शहर के मेन रोड इलाके में चलती थी। कहते हैं कि एक दिन रामसेवक महिला महाविद्यालय में पढ़ने वाली लड़की मेन रोड पर चंद्रिका स्टोर में कुछ ख़रीदारी करने आई थी। जब वह रिक्शे पर चढ़ रही थी बबलू शाही ने पीछे से उसका दुपट्टा खींच दिया था। सुशील वहीं पास में खड़ा था। उसने आव देखा न ताव, आगे बढ़ा और बबलू की बाँह पकड़ कर ऐंठ दी। सिर्फ़ बाँह ही नहीं ऐंठी। जब बात बढ़ी तो उसने हॉस्टल में जाकर लड़कों के बीच ऐसा भाषण दिया कि जिसके हाथ में जो आया लेकर बाहर की ओर दौड़ पड़े। बबलू शाही सिर पर पाँव रखकर ऐसा भागा कि फिर कभी मेन रोड के आस-पास भी नहीं दिखा।

सुशील को धीरे-धीरे नहीं अचानक पूरा शहर जानने लगा। उसने हॉस्टल के लड़कों के साथ मिलकर महिला सुरक्षा दल का गठन किया। शहर में लड़कियाँ बिना किसी भय के कहीं आ-जा सकें इसके लिए उसके दल के लोग मुस्तैद रहते थे। बबलू शाही को घरघुस्सा बना देने के कारण उसका रोबदाब पहले ही बन गया था, अब उसमें चार चाँद लगने लगे।

उस ज़माने में कॉलेज छात्र संघ के चुनाव नहीं होते थे, नहीं तो लोग कहते कि यह छात्र संघ अध्यक्ष बन गया होता। वह पढ़ाई करता था या नहीं यह उसका निजी मामला था लेकिन वह अपने सार्वजनिक मामलों में पूरी तरह से मुस्तैद रहता था। पढ़ने, लिखने, रहने, खाने में बाहर से शहर में रहकर पढ़ने आए लड़कों को कोई दिक्कत होती तो वे सुशील के पास आते और सुशील ऐसे सभी लड़कों की मदद में तत्पर रहता था।

एक दिन परसौनी से आए जमाल अंसारी को कॉलेज में लड़कों

ने इसलिए घेर लिया था क्योंकि वह अंग्रेज़ी में बोल रहा था—क्लास में, बाहर लड़कों से सबसे अंग्रेज़ी में बात कर रहा था। उसके इस तरह से अंग्रेज़ी बोलने को लेकर लड़कों को कई तरह के संदेह हुए। पहला संदेह तो यह कि यह लड़का अंग्रेज़ी में इसलिए बोल रहा था क्योंकि वह उन लोगों को कुछ उनट-सुनट बोल रहा था। लेकिन दूसरा संदेह ज़्यादा पुख़्ता था। वह यह कि क्लास में लड़कियों को प्रभावित करने के लिए वह अंग्रेज़ी बोलता था। नहीं तो ऐसे अंग्रेज़ी बोलने की क्या ज़रूरत है।

कॉलेज में एक दिन लड़कों ने उसको घेर लिया।

तब सुशील ही था जो उसको बचाने के लिए आगे आया। उसने न सिर्फ़ जमाल को बचाया बल्कि वहाँ जुटे लड़कों को एक भाषण इस बात पर दिया कि अंग्रेज़ी सीखना क्यों ज़रूरी था और जमाल को इस बात के लिए मना लिया कि वह हॉस्टल में आकर लड़कों को रोज़ एक घंटा अंग्रेज़ी बोलना सिखाएगा और जो लड़के सीखना चाहें वह उसकी क्लास में आ सकते थे। देखते-देखते जमाल की इंग्लिश स्पीकिंग की कोचिंग ही शुरू हो गई। जब सीतापुरी में अंग्रेज़ी मीडियम स्कूल भी नहीं थे जमाल का इंग्लिश स्पीकिंग कोचिंग सेंटर खूब चलने लगा।

सुशील ने ही उस कोचिंग का सूत्र वाक्य बनाया था—पढ़ने में हिन्दी बोलने में इंग्लिश। वह लोगों को समझाता कि पढ़ाई हिन्दी मीडियम में इसलिए करनी चाहिए क्योंकि उससे बात समझ में अच्छे से आती है लेकिन बोलने की प्रैक्टिस अंग्रेज़ी में इसलिए करनी चाहिए क्योंकि वह रोज़ी-रोजगार की भाषा थी। दुनिया में आगे बढ़ने की भाषा थी। रोबदाब की भाषा थी।

सुशील उस जमाने में जो कर रहा था वह बड़े-बड़े नेता नहीं कर पाए थे। नेता लोग काम के बल पर नहीं जीतते थे अपनी जाति के बल पर जीतते थे। मूलधन अपनी जाति का और निजी प्रयासों से दूसरी जातियों

से थोड़ा-बहुत ब्याज मिल जाता और विधानसभा के दरवाज़े उस नेता के लिए खुल जाते। सुशील हर जाति में पैठ बना रहा था। वह जाति के रास्ते नहीं शिक्षा-रोज़गार के रास्ते ज़िले की युवा आबादी को सम्मोहित करने में लगा था। जिस ज़िले में पढ़ने वाले लड़के बड़े-बड़े सपने भी इस डर से नहीं देखते थे कहीं किसी बड़े-बुज़ुर्ग को पता चल गया तो वे लगेंगे समझाने कि सिर को इतना ऊँचा नहीं उठाना चाहिए कि नीचे जो है वह दिखना ही बंद हो जाये। किसी के घर कोई, किरानी भी बन जाता तो उसका रुतबा बढ़ जाता था। वहाँ वह दुनिया के साथ कदम से कदम मिलाकर आगे बढ़ने का आत्मविश्वास उनके अंदर पैदा करने की कोशिश कर रहा था।

इतनी कम उम्र में राजनीति के ऐसे दाँव-पेंच चल रहा था कि वह सबकी निगाह में आ गया था और ऐसे लोगों की निगाह में चढ़ता जा रहा था जिनको अपनी राजनीति की ज़मीन हिलती दिखाई दे रही थी। तीन नेता थे ज़िले में जिनकी तूती तीस साल से बजती आई थी। बिरंचीलाल साह, रामस्वार्थ राय और बुरहान खान। शहर की राजनीति इन्हीं तीनों के इर्द-गिर्द घूमती आई थी।

बिरंचीलाल शाह 1972 में इंदिरा गांधी की पार्टी की लहर में जीते थे। '77 में अगर पार्टी बदल लिए होते तो जीत जाते लेकिन उन्होंने पार्टी नहीं छोड़ी। पार्टी उन्होंने बाद में छोड़ी। कांग्रेस विरोधी लहर में जीत रामस्वार्थ राय के नाम रही। उसके बाद से वे और बुरहान ख़ान बारी-बारी से चुनाव जीतते रहे। बुरहान अलबत्ता सबसे बुज़ुर्ग थे। लेकिन विधायक बाद में बने। थे वे भी कांग्रेसी लेकिन जीत-हार के हिसाब से दल बदलते रहने वाले नेता थे। कांग्रेस से टूट कर बनी पार्टी में एक बार क्या गये वे हर टूटती पार्टी के खेवनहार नेता के रूप में जाने गये। जो पार्टी ज़िले में अपना पैर जमाने के लिए आती उसको लंगर बुरहान ख़ान का ही मिलता।

फ़िलहाल राय जी विधायक थे। साह जी और खान साहब हारे हुए नेता थे। लेकिन हारे हुए नेता को इसके सिवा किसी और बात का मलाल नहीं रहता था कि वह विधानसभा कक्ष में नहीं बैठ पाया। हारा हुआ नेता भी नेता ही कहलाता था। एक नेता को और क्या चाहिए दुआ-सलाम से लेकर मान-सम्मान तक। यह सब उन नेताओं को भी हासिल रहता था जो बार-बार चुनाव लड़ते रहते हैं, हार-जीत की परवाह किए बगैर।

हारे हुए ज़रूर हैं, मारे हुए नहीं

नेता नेता होता है। यह कोई आईएएस की परीक्षा नहीं है कि जो पास होगा वही आईएएस कहलाएगा। चुनाव हारने वाले भी नेता ही कहे जाते थे। इसके लिए करना बस इतना होता था कि हर बार चुनाव के मैदान में उतरा जाए। इससे चुनाव हारने जीतने से कोई फ़र्क़ नहीं पड़ता। विधायक निवास, विधानसभा ई सब का सुख तो नहीं मिल पाता था लेकिन अपने ज़िले में चुनाव लड़ने से ही काम चलता रहता था। पुराने समाजवादी बुटकुन सिंह एक कहावत कहते थे—'चुनाव जीतने वाले नेता की बात अलग है लेकिन लड़ने वाले नेता का भी रोज़ कलफ़ वाला कुर्ता, रिक्शा भाड़ा, चाय नाश्ता, घर के किराये का इंतज़ाम हो ही जाता है। चुनाव जीतना एक कला है तो चुनाव लड़ना पेशा!''

खान साहब और साह जी तो विधायक रह चुके थे। उनकी बात अलग थी लेकिन ज़िले में कहानी चलती थी बिंदल बैरागी की। ज़िले के छह में से चार विधानसभा क्षेत्र से चुनाव लड़े। हर बार ऐसा प्रचार चलता था उनका कि लगता कि इस बार तो जीत ही जाएँगे। लेकिन भाग्य का क्या कहा जाए दो बार एक हजार से भी कम वोटों के अंतर से हार गए। तब बटन दबाकर वोट देने वाला चुनाव तो होता नहीं था। कहते हैं कि अफ़सर लोग काउंटिंग में हेरफेर करके उनको हरवा देते।

इस तरह से हारते रहने के कारण उनकी जाति के लोगों की सहानुभूति हमेशा उनके साथ रही। वे सबके काम के लिए आगे-आगे

रहते भी थे। कोई किसी काम के लिए आता तो वे उसी के साथ राजदूत मोटरसाइकिल निकालकर उस काम के दफ़्तर पहुँच जाते। बाबू-अफ़सर जो भी मिलता उससे उस आदमी का काम करने का आग्रह करते। काम होते भी क्या थे! किसी को कोटा का चीनी लेना होता था, किसी को वृद्धावस्था पेंशन से जुड़ी कोई शिकायत होती, किसी को स्कूल-कॉलेज में अपने बच्चे की फ़ीस माफ़ करवानी होती थी। किसी का पुलिस-कचहरी का मामला होता। छोटी सी दुनिया थी, छोटे-छोटे सपनों में जीने वाले लोग थे।

कभी उनके कहने से काम हो जाता तो कभी नहीं भी होता। लेकिन सब यही कहते कि कभी किसी के काम के लिए भाग-दौड़ करने में पीछे नहीं रहते थे। अपने समाज के वे एकछत्र नेता थे। लेकिन फिर भी चुनाव जीत नहीं पाते थे।

अपनी जाति के वे पहले नेता थे जिन्होंने बड़ी जाति वालों के खिलाफ़ ताल ठोककर लड़ने का साहस किया था। इसलिए हर चुनाव में उनका चुनाव चिन्ह भले बदल जाता था लेकिन उनको अपनी जाति का पूरा वोट मिलता था। चुनाव लड़ते-लड़ते घर बनवाया, रिक्शा से आगे बढ़कर जीप में घूमने लगे। बेटा-बेटी को दिल्ली पढ़ा लिया। लोग कहते कि बिंदल बैरागी चुनाव लड़ते नहीं रहते तो क्या कर पाते। सिवाय कुर्ता पाजामा पहनकर घूमने के उन्होंने कुछ नहीं किया लेकिन कुर्ते पाजामे की इसी माया ने उनको 20-25 साल तक मैदान में बनाए रखा।

बाद में वे स्नातक निर्वाचन क्षेत्र से विधान परिषद का चुनाव जीत गए लेकिन सब कहते कि उनको चुनाव में जीतना नहीं धारा। चुनाव जीतने के साल भर के अंदर हार्ट अटैक से उनका देहांत हो गया। सब यही कहते कि अपनी जीत को संभाल नहीं पाए बैरागी जी। हारते रहे तो कोई दिक्कत नहीं थी। जब जो चाहा बोल दिया। जीतने के बाद बोलने-चलने सब में सम्भलना पड़ता था। यही संभाल नहीं पाए बैरागी जी।

खान साहब की बात करें तो चुनाव एक बार ही जीते लेकिन अपना कोल्ड स्टोरेज था, पाँच साल पहले पेट्रोल पम्प भी खोल लिया था। अपनी जाति के एकछत्र नेता तो नहीं थे लेकिन छत्र नेता तो थे ही। मुस्लिम समाज की आबादी कम नहीं थी और उसमें भी खान बहुत अधिक थे। उनके दिल में खान साहब ने अपनी जगह बहुत अच्छे से बनाई हुई थी। उनके मतदाता हर चुनाव में कम होते गए लेकिन फिर भी उनके पास इतने पक्के मतदाता थे कि वे सौदेबाज़ी करके हार जाते। उनके पक्के मतदाता उनके कहने पर उनकी जगह लड़ाई में पिछड़ रहे नेता को वोट देकर उसकी नैया पार लगा देते।

लड़कर हारने में कोई फ़ायदा नहीं था लेकिन मिलकर हारने के लाभ ही लाभ थे। खान साहब सारे लाभ भी उठाते। न उनका काम रुकता न उनके समर्थकों का। "नेता और किस बात के लिए होता है? यही न कि अपने लोगों का काम करवाए। अगर यह होता रहे तो जनता को इससे कोनो अंतर नहीं पड़ता है कि आप जीतते हैं या हारते हैं," उस प्रसिद्ध समाजवादी नेता का कहना था जिसने समाजवाद की सेवा के लिए समाजवादी पार्टी के दफ़्तर में ही रहना शुरू कर दिया था और ज़िले में पार्टी के लिए चुनाव लड़ने से भी अधिक बड़ी चुनौती थी बुटकुन सिंह को निकाल पाना।

बुटकुन बाबू एक और बड़े मार्के की बात कहते थे—"जीता हुआ नेता सबका हो जाता है। वह केवल अपनों तक सीमित नहीं रह पाता। उसको सभी को अपनों की तरह देखना पड़ता है। इसलिए वह चाहकर भी अपनी जाति के लिए बहुत काम कर नहीं पाता। लेकिन हारे हुए नेता के पास ऐसी कोई वजह नहीं होती। वह लगातार अपनों के लिए काम करता रह सकता है। काम थोड़ा कम भी करवा पाया तो कोई बात नहीं। लोगों की सहानुभूति तब भी बनी रहती है न। लोग कहते हैं कि हार कर भी इतना काम करवा देता है, अगर बेचारा जीत गया होता तो न जाने और कितना करवाता।"

फिर मुँह में पान के पीक को सँभालकर हँसते हुए कहते—"इससे अपने लिए काम करने का मौका भी अधिक मिल जाता है। ही ही ही!"

बहरहाल, बुटकुन सिंह की परिभाषा के हिसाब से खान साहब सबसे सही नेता थे। दो चुनाव से अपना वोट खिसका कर राय साहब को जिता रहे थे। राय साहब सत्ताधारी दल में थे इधर कई सालों से उनके मंत्री बनने की अफ़वाह उड़ती रहती थी। अफ़वाह कहाँ से उड़ती थी, कैसे उड़ती थी यह तो पता नहीं लेकिन इतना ज़रूर था कि वे पार्टी के वैसे नेताओं में आ गए थे जिनकी तस्वीर अक्सर मुख्यमंत्री के क़ाफ़िले में दिख जाती थी। दो-चार बार उनके बगल में खड़े भी दिखाई दिए थे और एक तस्वीर तो बहुत प्रसिद्ध हुई थी जिसमें एक मंच पर मुख्यमंत्री उनके कान की तरफ़ मुँह लाकर कुछ कह रहे थे। उसके बाद से तो लग रहा था कि उनकी गाड़ी में लालबत्ती बस लगने ही वाली थी।

खान साहब की बत्ती के सहारे ही राय साहब आज लालबत्ती तक पहुँचने के करीब आ गए थे। बत्ती खान साहब का चुनाव चिन्ह था और आप सब जान चुके हैं कि वे अपने समर्पित कार्यकर्ताओं के सहारे हार-जीत की राजनीति में सही जगह पर बत्ती जलाने का काम करते और अचूक तरीके से करते।

अपनी बत्ती की वे पूरी कीमत भी वसूलते थे। खान साहब की धमक ऊपर से जितनी सुनाई देती थी उससे कहीं अधिक उसकी गूँज धरती के अंदर सुनाई पड़ती। सिंडिकेट चलाने से लेकर मज़दूरों को खाड़ी देश भेजने तक न जाने कितनी तरह के काम खान साहब के थे। लोग कहते थे कि राय साहब से अंदरख़ाने की मौन सहमति से यह काम मिल-जुलकर चल रहा था। सरकार में राय साहब का कद बढ़ रहा था और इधर खान साहब का रुतबा।

लेकिन राजनीति किस्साकारों के मुँह से दबी ज़ुबान में इधर कुछ अलग-अलग तरह की कहानियाँ सुनाई दे रही थीं। वैसे तो आप सब

जानते हैं कि क़िस्सों के न तो कोई सिर होता है न कोई पैर लेकिन न जाने कैसे किस्से फैलते जाते हैं। एक कान सुनता है और अपनी ज़ुबान से दूसरे कानों को सुना देता है। इस तरह कान और मुँह के इस सनातन रिश्ते के सहारे किस्से किसी व्यक्तित्व के अपने जीवन के बरक्स चलते रहते हैं। कई बार तो किसी के जाने के बाद भी उसके किस्से रह जाते हैं।

जिस तरह के किस्से चल रहे थे उनसे एक ही बात निकल कर आ रही थी कि राय साहब अब खान साहब से खिंच से रहे थे। खान साहब के सिंडिकेट बनाकर नेपाल से स्मगलिंग वाली बात पटना क्या पटना से आगे तक भी बढ़ चुकी थी और क़िस्साकारों का तो यहाँ तक कहना था कि खान साहब कभी भी शिकंजे में आने वाले थे। पिछले एक साल के दौरान सीमा से गाँजे की दो बड़ी खेप पकड़ी गई थीं और लोग फुसफुसाने लगे थे कि यह माल बुरहान खान का ही था। अभी तक तो कुछ हुआ नहीं था लेकिन बुरहान पर शिकंजा कसता जा रहा था। ज़ाहिर है कुछ धागे रामस्वार्थ राय के भी उधड़ सकते थे।

एक क़िस्सा और था जो ज़ोर पकड़ रहा था। रामस्वार्थ राय मुख्यमंत्री के आस-पास दिखकर भी उस कुर्सी तक अभी तक नहीं पहुँच पाए थे जिसका सपना वह विधायकी के पहले से देखते आए थे। प्रसिद्ध स्वतंत्रता सेनानी के पुत्र थे। बचपन से ही उनके पिता से मिलने नेता-मंत्री आते रहते थे और तभी से मंत्री का रुतबा उनको बहुत अच्छा लगता था। लालबत्ती के नीचे बैठकर चलने का सुख वही जानता है जो उसका लाभ उठा पाता है। उसके सलाहकारों ने उसको यह समझाना शुरू कर दिया था कि सीएम साहब को उसके और बुरहान खान के बीच के लिंक का अच्छी तरह सिंक था। इसीलिए वे चाहकर भी उसको मंत्री नहीं बना पा रहे थे। इसलिए अगर मंत्री बनना है तो बुरहान खान से बचकर रहो।

शायद तनातनी इसी बात की थी। किस्से और भी थे। इस बात की फुसफुसाहट भी खूब थी कि राय साहब को मंत्री बनने के लिए काफ़ी

मोटी राशि जुटानी थी। बुरहान इसमें मदद नहीं कर रहा था। लोग कह रहे थे कि वह इस बार कुछ अलग ही तैयारी में था। उसका माल पकड़ा गया था, दो लोग पकड़े गए थे। बुरहान को पहली बार लगने लगा था कि चुनाव जीते बिना राजनीति में टिके रह पाना आसान नहीं होता। हमेशा गाड़ियों के क़ाफ़िले में चलने वाला बुरहान खान अब बाहर कम ही निकलता था। लोग तो यहाँ तक कहते कि वह नेपाल निकल गया था और मामला ठंढाने का इंतज़ार कर रहा था।

विधायक जी के भाई की पटना रोड में बस चलती थी—ललन बस सर्विस। ललन बस सर्विस के बस से भोरहाँ के पास चाँपा पड़ गया। मामला ठंडा जाता लेकिन गाड़ी के नीचे आने वाला लड़का शहर के गोयनका कॉलेज का विद्यार्थी था। पटना में कंपीटिशन की कोचिंग में नाम लिखाने जा रहा था। स्टूडेंट और कोचिंग की बात आते ही सुशील राय आगे आ गया। वह विद्यार्थियों के मुद्दे को ही उठाने के कारण जाना जाता था। लॉज से लेकर कोचिंग करवाने तक नाम कमाने के बाद उसने पहली बार राजनीतिक मसले में हाथ डाल दिया। ज़िले में रामस्वार्थ राय की गद्दी को पहली बार किसी ने झकझोर दिया था। वह भी एक कॉलेजिया लड़के ने।

निशाने पर राय साहब सीधे तो नहीं आए थे लेकिन शहर में बरसों बाद इतने बड़े छात्र आंदोलन को चलाकर सुशील राय ने राजनीति के दरवाज़े पर ज़ोरदार दस्तक दी थी। राजनीति में इसी तरह आगे बढ़ा जाता है। सही समय पर सही आंदोलन को हवा देकर नेता चमकते हैं। आगे चलकर विधायकी, सांसदी की राह आसान लगने लगती थी। सुशील राय बार-बार यह दिखा रहा था कि युवा आबादी पर उसकी पकड़ थी और वह अकेला ऐसा नेता लग रहा था जो किसी एक जाति का नहीं था। सब उसको समर्थन देते लग रहे थे।

उसने ललन बस कांड के समय में शहर का सबसे बड़ा छात्र

आंदोलन चलाया था। वह साइकिल से, मोटर साइकिल से गाँव-गाँव जाता और युवाओं से एक युवा पर हुए इस अत्याचार के लिए सामने आने का आह्वान करता। उसकी अपनी जाति के युवा भी उसके पीछे आ गए थे। जब वह कहता कि जो सत्ता में होता है वह बात तो अपनों की करता है लेकिन विकास अपना करता है। उसके लिए अपने उसके अपने परिजन होते हैं। बाकी किसी की वह परवाह नहीं करता।

वह साइकिल से, मोटर साइकिल पर सवार होकर गाँव-गाँव जाकर युवाओं से आह्वान करता कि सत्ता के आतंक को तोड़ने के लिए एकजुट हो जाएँ। नहीं तो हम इसी तरह मरते रहेंगे। वे न हमें रोज़ी देंगे, न रोज़गार। बस जाति के नाम पर वोट माँगते रहेंगे। जाति के नाम पर किसी नेता की बंधुआ मज़दूरी नहीं करनी चाहिए। युवा शक्ति को जो नहीं पहचानता, जो उसकी कद्र नहीं करता उसको अपनी ताक़त से झुकाना सीखो—जिस ओर जवानी चलती है उस ओर ज़माना चलता है!

शमशेर सिंह के डूब कर मर जाने के बाद कोई वैसा शेर राजपूतों में नहीं निकला, कहने वाले कहते। जाति भेड़ की तरह होती है। कोई एक खड़ा होता है सब उसके पीछे झुंड बनाकर खड़े हो जाते हैं। लेकिन वह खड़ा होने वाला ऐसा होना चाहिए कि जिसको देखते ही सब पीछे चल दें। शमशेर के बाद उसकी जाति का वर्चस्व खत्म होता जा रहा था। ऐसे में सुशील सामने आया।

शमशेर की तरह सुशील भी बुलेट पर चलता था। शमशेर तो बस राजपूत का नेता था लेकिन ललन बस कांड के बाद उसके पीछे सभी जाति के युवा आ गए थे।

ललन बस कांड में मरने वाला विद्यार्थी गुलटेन पोता मधौल गाँव के किसान का बेटा था। जात का कानू था। उसकी जाति की कोई ऐसी धमक भी नहीं थी ज़िले में लेकिन सुशील ने जाति को नहीं देखा आदमी को देखा। छात्रों के आंदोलन के चलते तीन दिन तक सीतापुरी पटना

रोड में सभी निजी बसों का परिचालन रुका रहा। जब चौथे दिन ललन बस सर्विस के मालिक ने गुलटेन के परिवार वालों को मुआवज़ा देने की घोषणा की तब जाकर यह आंदोलन समाप्त हुआ। छात्र शक्ति का जुलूस उस दिन शहर सीतापुरी में बाइक सवारों ने निकाला। मेन रोड के सभी दुकानदार, देखनहार यही कहते कि बरसों बाद ऐसा कोई जुलूस देखा है।

जिधर देखिए उधर सुशील सुशील हो रहा था। सुनने में आया था कि कई दुकानदार उसको भी चोरी-छिपे होली-दीवाली चढ़ाने लगे थे। आंदोलन के दौरान तोड़-फोड़ के कारण उसके ऊपर दो-चार केस भी हो गए थे। "नेता की शान तो केस से बढ़ता है न," उसको अपना मानने वाले कहते। जैसे-जैसे चुनाव नज़दीक आता जा रहा था उसी की कहा-सुनी बढ़ने लगी थी।

"चढ़ल सुशील गड़िया में/ राय साहब दरिया में," न जाने किसने यह गीत चला दिया था।

हारा हुआ जीते हुए पर भारी पड़ गया—यह कहानी चल पड़ी। कोई यह मानने के लिए ही तैयार नहीं था कि राय साहब यानी विधायक जी जिनके डर से सड़क पर बोलता कुत्ता भी चुप हो जाता था उनको एक कॉलेजिया लड़के ने हल्दी-चूना बोला दिया।

वैसे कोई समझ नहीं पा रहा था कि एक छात्र नेता में इतना बल कहाँ से आया कि वह सीधे ललन बस सर्विस से टकरा गया। विधायक जी के भाई की बस सर्विस से। पटना रोड में जिनकी तूती बोलती थी। ऐसे बहुत लोग थे जिनका यह मानना था कि हो न हो इसके लिए बुरहान खान का दिमाग था। विधायक जी खान साहब से हाथ झाड़ रहे थे तो बुरहान ने उनको ही झाड़ दिया। सुशील को खड़ा करके उसने भविष्य की राजनीति में राय साहब के लिए हमेशा के लिए ख़तरा पैदा कर दिया था।

भविष्य की बात तो भविष्य जाने लेकिन एक बात पक्की हो गयी

थी कि फ़िलहाल रामस्वार्थ राय की राजनीतिक कुंडली से राजयोग टल गया है। मुख्यमंत्री के क़ाफ़िले में चलने, उनके साथ फ़ोटो खिंचवाने तक पहुँचकर भी मंत्री योग दूर हो गया था। ललन बस कांड की आवाज़ दूर तक सुनाई दी थी और उसकी गूँज देर तक रहने वाली थी।

उन्हीं दिनों ललित आश्रम के गेट पर खादी भंडार चलाने वाले मकेसर साह का एक फ़िकरा लोग बड़े चाव से सुनाते—

हम कहनी स्वार्थ प्यारे से/
मत कर यारी तू खाने से
मुन आँख जो डिब्बा गायब करे
हम मान गए ईमाने से...

फाव में बन गाए सावजी

इधर सुशील राय छकौरी के अचानक गायब हो जाने की घटना की जाँच की मांग कर रहा था उधर बिरंचीलाल साह मन्दिर निर्माण की घोषणा के साथ चंदा जुटाने के बहाने पूरे चुनाव क्षेत्र में जनजागरण कर रहा था। लोगों का कहना था कि चक्र छाप से इस बार साह जी ज़ोर-शोर से चुनाव लड़ने वाले थे। साव जी वैसे भी फूल चक्र से कई बार चुनाव लड़ चुके थे। जीत-हार से ऊपर चक्र छाप की स्मृति को बरकरार बनाए रखने के लिए भी उन्होंने कई बार चुनाव लड़ा। लेकिन लोग कह रहे थे कि इस बार चुनाव में वे पूरी ताक़त से आने वाले थे। इसलिए तैयारी भी बहुत पहले से कर रहे थे।

बिरंचीलाल साह चुनाव इसलिए नहीं जीत पाते थे क्योंकि उनकी भी हालत बुरहान खान वाली थी। अपनी जाति के पक्के वोटर थे उनके लेकिन दूसरी जाति वाले उनको बिलकुल वोट नहीं देते थे। जनराज पार्टी के टिकट पर एक बार विधायक रह चुके थे। लेकिन बाद में सुराज पार्टी के दौर में उनके भाग्य का छींका अभी तक नहीं फूटा था।

याद दिलाता चलूँ कि वे उसी अदौरीलाल साह के पुत्र थे जिनको ज़िले में स्वतंत्रता सेनानी के रूप में याद किया जाता था। शहर के बीचोंबीच गोलंबर पर उनकी मूर्ति स्थापित थी। जिसके ऊपर उद्घाटनकर्ता के रूप में तत्कालीन मुख्यमंत्री महामाया प्रसाद सिन्हा का नाम लिखा हुआ था।

अदौरीलाल साह का स्वाधीनता संग्राम से क्या रिश्ता था यह

कहानी मैं पहले ही अर्ज़ कर चुका हूँ। लेकिन झूठी क्रांतिकारिता के कारण आज़ादी के बाद कांग्रेस से चिपके न रहकर भी पहले उन्होंने और बाद में बिरंचीलाल साह ने खूब संपत्ति बटोरी। आज़ादी के पहले मेन रोड सीतापुरी में किराने की एक दुकान थी। अब उनके परिवार के पास शहर में एक सिनेमा हॉल और एक होटल था। अपनी गद्दी थी जिनका अनाज व्यापार में कोई मुक़ाबला नहीं था। साह जी ने चुनाव हारने के बाद अपना ध्यान पूरी तरह से व्यापार पर लगा दिया था। कभी-कभार कुर्ता टोपी पहनकर पार्टी की शाखा में चले जाते। वहाँ जो भी मिलता उसके साथ गप्प-सराका करते, चाय-नाश्ता कराकर वापस आ जाते। बाकी समय अपना व्यापार चलाते। पार्टी की शाखा जैसे उनके व्यापार की राजनीतिक शाखा जैसी थी।

पार्टी शाखा के सहारे अपनी राजनीति का परचम बुलंद करते हुए बस साल में एक बार अपने पिता अदौरीलाल साह की जयंती पर देश-प्रदेश के नेताओं को जुटाते, खर्चा-पानी करते। मौक़े-बेमौके अगर कोई बड़ा नेता सीतापुरी आता तो उनसे मिलता ज़रूर। उनकी अपनी पार्टी के बड़े-बड़े नेता जब शहर में आते तो उनके यहाँ ही ठहरते।

इसी मेलजोल के प्रताप से वह पक्के चक्र छापी हो गए। एक बार चक्र छाप पार्टी के एक बड़े नेता सीता जी के दर्शन के लिए आए। उनके स्वागत में साह जी ने कोई कसर नहीं छोड़ी। रात में उनके लिए मुज़फ़्फ़रपुर से खास बाइजी को बुलाकर गीत की महफ़िल भी जमाई। नेताजी बहुत प्रभावित हुए। दिल्ली जाने के कुछ दिन बाद उनका फ़ोन आया कि अब समय आ गया है, उनको चक्र छाप का हाथ मजबूत करने के लिए काम करना चाहिए।

साह जी पक्के व्यापारी थे। हवा का रुख़ भाँपना जानते थे। राजनीति से दूरी ज़रूर बना ली थी लेकिन राजनीति उन्होंने छोड़ी नहीं थी। गाड़ी पर लिखा पूर्व विधायक भी अब धुंधला पड़ने लगा था। एक बार फिर से

गाड़ी पर विधायक लिखवा कर चलने के लिए मन-ही-मन कुलबुलाने लगे थे। उधर पार्टी ने उनको ज़िलाध्यक्ष बनाने की घोषणा कर दी। पार्टी को फ़ायदा यह हुआ कि आने वाले चुनाव में ज़िले में पैसे की कोई कमी नहीं रहने वाली थी। साह जी ने भी इस बात को भाँप लिया था कि राम लहर में हो सकता है कि जाति का समीकरण पीछे रह जाए और उनको एक बार विधानसभा जाने का अवसर और मिल जाए।

हनुमान मन्दिर टूटने की घटना के बाद जैसे उनकी ख़्वाहिश को पंख लग गए। उनको यह बात समझ में आ गई थी कि राम मन्दिर की सवारी करके केंद्र में, राज्य में भाजपा की सरकार आए न आए हनुमान मन्दिर की सवारी उनको विधानसभा ज़रूर ले जा सकती थी। व्यापार का काम अपने बेटे पर छोड़कर वे प्राण पण से अपने रोज़गार में लग गए।

रामसेवक सिंह उच्च विद्यालय की बात कोई नहीं कर रहा था, गाँव अन्हारी की बात कोई नहीं कर रहा था। बस हनुमान मन्दिर। साह जी ने घोषणा कर दी थी कि मन्दिर वहीं बनेगा। वह भी टूटने वाले मन्दिर की तरह छोटा मन्दिर नहीं उससे बहुत बड़ा मन्दिर बनेगा। स्कूल का क्या होगा कोई नहीं कह रहा था। उस पूरे इलाके में अकेला हाई स्कूल था। उस स्कूल की चर्चा कोई नहीं कर रहा था। सब मन्दिर-मन्दिर कर रहे थे। हवा की दिशा बदल रही थी और इस बदली हुई दिशा को बिरंचीलाल साह ने बहुत अच्छी तरह से भाँप लिया था। फिर समाजवादी नेता बुटकुन सिंह की एक बात याद आ गई—"अदौरीलाल साह में एक गुण था और वह गुण उनके बेटे बिरंचीलाल साह में बखूबी आ गया—हवा की दिशा और आदमी की दशा पहचानने का। राम मन्दिर आंदोलन के बाद यह दोनों बदली हुई थी और साह जी के बढ़ते व्यापार का सबसे बड़ा राज ही यही था कि वे सही समय पर सही कदम उठाने में कभी नहीं चूकते थे।

मन्दिर टूटने और पहलवान के गायब होने के दस दिन के अंदर

उन्होंने हनुमान आराधना मंडल बनाया और यह घोषणा कर दी कि हनुमान आराधना मंडल की मंडली ज़िले के एक-एक गाँव में जाएगी एक रात उस गाँव में किसी एक घर में मंडली जमेगी, हरमुनिया पर हनुमान चालीसा का गायन किया जाएगा। लोगों का कहना था कि गायन वादन मंडली मुज़फ़्फ़रपुर से बुलवाई गई थी। उनको अगले छह महीने का सट्टा दिया गया था। मंडली से कहा गया था कि हनुमान चालीसा के गायन-वादन के साथ अगर ग्रामवासी और तरह के गीत सुनने की फ़रमाइश करें तो उनको न नहीं करना है। असली मक़सद भजन-कीर्तन के साथ मनोरंजन होना चाहिए।

"धर्म की रस्सी को मनोरंजन की कील से बाँधे रखना होता है," वे कहते, "तुलसीदास जी ने इस बात को सबसे पहले समझा था। भगवान राम की कहानी को उन्होंने अपनी भाषा की क़िस्सागोई से बाँध दिया और रामलीला करवानी शुरू की जिससे आम लोगों का मनोरंजन भी हो और धर्म भी उनको याद रहे। धर्म केवल उपदेश के सहारे प्रसारित नहों होता उसको गीत-संगीत, अभिनय सबसे जोड़ देने से वह बिना अधिक कोशिश के सबके बीच पहुँच जाता है। इसीलिये हमारे आचार्यों ने धर्म को जीवन के सभी पहलुओं से जोड़ा और ऐसा करते हुए वे मनोरंजन को बिलकुल नहीं भूले!"

मेन कार्यक्रम के बाद मंडली को चादर फैलाकर वहाँ मौजूद लोगों से हनुमानी माँगी जानी थी। हनुमानी में रुपया-पैसा नहीं। बस लाल रंग के कपड़े का एक टुकड़ा। जो दे सो सहज भाव से ले लेना था। किसी से किसी तरह का चंदा न लिया जाए-साह जी का स्पष्ट ऑर्डर था। असली बात भावना थी भाव नहीं। साह जी ने मंडली के साथ-साथ अपने दो-चार कारिंदे भी तैयार किए थे जिनको ज़िले के गाँवों का अच्छा आइडिया था। उनका काम था मंडली के साथ-साथ चलना और हनुमानी में मिले कपड़ों को गिनकर जमा करते जाना।

जिससे सही-सही इस बात का अंदाज़ा रहे कि कितने लोगों का

सीधा समर्थन मिला धर्म के इस कारज में। सब गिनती होती एक रजिस्टर में। हर गाँव से मिले कपड़ों की गिनती होती और फिर अगले गाँव की तैयारी शुरू हो जाती। फिर अगले गाँव की यात्रा का प्रबंध कर निकल जाना। सब कुछ इतने सहज भाव से चल रहा था कि किसी को कुछ अंदाज़ा भी नहीं हो रहा था कि साव जी का इरादा क्या था।

हनुमान आराधना मण्डल के माध्यम से साह जी का जनजागरण अभियान जारी था। चुनाव में अभी टाइम था लेकिन बिरंचीलाल साह जानते थे कि अगर वे एक दिन भी ढीले पड़े तो लड़ाई में बहुत पीछे रह जाएँगे। रामस्वार्थ राय की सत्ता डाँवाडोल हुई जा रही थी। यही समय था अपनी सत्ता बनाने का। अपने पिता अदौरीलाल साह की इस सीख को उन्होंने जीवन के हर क्षेत्र में आज़माया था—"हर सुबह हमें नई दुनिया मिलती है। उसको नये सिरे से जीना पड़ता है। अगर एक दिन भी ढील दे दीजिए, बस दुनिया आगे निकलने लगती है और हम पीछे रह जाते हैं। एक दिन का आलस भी हमें बहुत पीछे ले जा सकता है, एक दिन की ढिलाई भी हमारे ऊपर भारी पड़ सकती है। इसलिए सफल जीवन का मूलमंत्र यही है कि ढिलाई किसी भी दिन न दी जाए। जीवन को रोज़ ऐसे जिया जाए जैसे वह उसी दिन मिला हो।"

इस बार उनको लग रहा था कि हनुमान जी की कृपा मिल गई थी। जिस छकौरी को वे अपने सुरक्षा सेवक के रूप में रखना चाहते थे उसने ग़ायब होकर उनके हाथ में चुनाव की चाबी पकड़ा दी थी। लेकिन रामस्वार्थ राय को हल्के में नहीं लिया जा सकता था। खेल बनाने-बिगाड़ने में ज़िले में उनका कोई सानी नहीं था। भले अभी लग रहा था कि सुशील राय उनका खूँटा हिला रहा था लेकिन चुनाव तक कुछ भी हो सकता था। रामस्वार्थ राय को पटना की आबो-हवा बहुत रास आती थी और वहाँ ही कैसे टिके रहना है इसकी कला उनको खूब आती थी।

लेकिन असली चाभी अभी भी बुरहान ख़ान के हाथ ही थी।

आन बान शान ख़ान

आज़ादी की लड़ाई में ज़िलादार ख़ान की क्या भूमिका थी यह मैं पहले ही अर्ज़ कर चुका हूँ। शहर में मस्जिद वाली चौक पर उनकी एक बड़ी-सी मूर्ति लगी हुई थी। चक्र छाप वालों को छोड़ दें तो ज़िले में आने वाले सभी छोटे-बड़े नेता उस मूर्ति पर फूल चढ़ाकर बुरहान ख़ान को अपने पक्ष में करने का दांव खेलते थे। ज़िलादार ख़ान कैसे स्वतंत्रता सेनानी थे यह तो मैं पहले बता चुका हूँ लेकिन बुरहान ख़ान को स्वतंत्रता सेनानी के पुत्र के रूप में ही याद किया जाता था। उस स्वतंत्रता सेनानी के पुत्र के रूप में जिसने आज़ादी की लड़ाई में लाठियाँ खाईं, जेल गये। उन्हीं के बहादुर बेटे थे बुरहान ख़ान।

मुसलमानों के एकछत्र नेता भले न माने जाते हों लेकिन छाता सबसे बड़ा उनका ही था। लेकिन इधर मामला बिगड़ गया था। उनके सिंडिकेट में फूट पड़ गई और तस्करी का अच्छा-ख़ासा व्यापार ख़त्म हो गया था। ऊपर से गिरफ़्तारी का भय अलग सता रहा था। स्वतंत्रता सेनानी के पुत्र का नाम तस्करी में आये, और उससे भी बढ़कर गिरफ़्तारी हो जाये तो फिर क्या साख रह जाएगी। उनके पिता आज़ादी की लड़ाई में जेल गये थे। उसके बाद से परिवार का कोई भी सदस्य जेल नहीं गया था। अगर कहीं जेल चले गये तो वोट बैंक की जिस राजनीति के सहारे राज कर रहे थे उसके भी बिखर जाने का डर था। जेल जाना मतलब दागी हो जाना। और जो एक बार दागी हो जाता है उसका रसूख़ कम हो जाता है।

कई सालों से विधायकी की तैयारी कर रहे थे। समाज में नई पीढ़ी तैयार हो गई थी। उनसे नेतृत्व छीन लेने के लिए कई हाथ लपलपाने लगे थे। सालों से अपने समाज के लोगों को खाड़ी के देशों में नौकरी दिलवा रहे थे और उन्हीं खाड़ी वाले परिवारों में कई नौजवान तैयार हो गये थे। कब कौन दावेदारी ठोक दे क्या पता! इसलिए ज़रूरी था कि एक बार और विधायकी मिल जाये। अंसारियों के बीच एक लड़का उभर रहा था—पीर मोहम्मद अंसारी।

संयोग से किसी को कुछ मिलते देखा है आपने? पीर मोहम्मद को तो संयोग से लग रहा था मुस्लिम समाज की सत्ता मिलने वाली थी। अंसारियों के एक पढ़े-लिखे होनहार लड़के पीर मोहम्मद ने भी कभी नहीं सोचा होगा कि एक दिन उसका भाग्य ऐसा साथ देगा कि हो सकता है कि लाल बत्ती मिल जाये। मेहसौल चौक के पीछे एक लॉज में रहकर कंपीटिशन की तैयारी कर रहा था पीर। इतना ही सपना था कि कहीं बाबू बन जाये। आराम से घर-परिवार के साथ रहेगा।

उसके दो भाई खाड़ी कमाने गये थे। कहते हैं कि बुरहान ख़ान के एजेंटों ने ही दोनों से दो-दो लाख लिए और खाड़ी में राजमिस्त्री के काम के लिए भेज दिया। उसके अब्बा खेती करते थे। बेटों को खाड़ी भेजने में कुछ खेत भी बिक गए। दोनों बेटे आँखों में सपने लिए ख़ुशी-ख़ुशी दिल्ली के लिए विदा हुए। वहीं से जहाज़ पकड़कर वे कुवैत जाने वाले थे। पीर मोहम्मद के दोनों भैया कुवैत चले गये। लेकिन जब एक साल तक उनकी कोई खोज-खबर नहीं मिली, न कोई चिट्ठी आई तो घर वाले परेशान हुए।

ज़िले के और बहुत सारे लड़के कुवैत कमाने के लिए गये थे। किसी से पीर मोहम्मद के भाइयों का पता नहीं चल पा रहा था। साल भर से कुछ समय ऊपर हो जाने के बाद एक गुमनाम चिट्ठी आई पीर मोहम्मद के घर जिसमें बस इतना लिखा था—"हमें क़ैद कर लिया गया

है। बचा लीजिए अब्बा!'' चिट्ठी भेजने वाले का नाम नहीं था लेकिन चिट्ठी पर मोहर कुवैत की थी। पीर मोहम्मद ने चिट्ठी की लिखावट से पहचान लिया कि वह उसके मंझले भाई ग़ुलाम की थी।

अगर चिट्ठी लिखने में ही एक साल से ऊपर का समय लग गया तो इससे साफ़ ज़ाहिर था कि वहाँ उनके हाल अच्छे नहीं थे। पीर मोहम्मद ने जाकर ख़ान साहब के यहाँ गुहार लगाई तो अव्वल तो उसको ख़ान साहब से मिलने ही नहीं दिया जा रहा था। बहुत कोशिश के बाद जब मिलने का मौक़ा मिला तो बुरहान ख़ान ने पीर मोहम्मद को उल्टा झाड़ दिया। बोला, ''अब कुवैत से भाई घर में पैसा नहीं भेज रहा। ख़तो-खिताबत नहीं कर रहा तो इसमें हम क्या करें! ऐसे कई लड़के हैं जो वहाँ गये और अपने घर वालों को भूल गए। वैसे भी इस ख़त से क्या पता चल सकता है? इसमें न तो किसी का नाम है न अब्बा लिखने से यह समझ में आ रहा है कौन अपने अब्बा को लिख रहा है!''

बुरहान खान ने पीर मोहम्मद को घर से भगा दिया लेकिन पीर मोहम्मद ने हिम्मत नहीं हारी। उसने ऐसी कई कहानियाँ सुन रखी थीं कि भारत से एजेंट लोगों को नौकरी के नाम पर खाड़ी देशों में ले जाकर बेच देते थे। जहाँ उनको बंधुआ मज़दूर की तरह रखा जाता, थोड़ा बहुत खाने-पीने को दिया जाता और दिन-रात उनसे काम करवाया जाता। हो न हो उसके दोनों भाइयों के साथ भी यही हुआ हो। उसको बुरहान ख़ान पर शक था लेकिन उसके ख़िलाफ़ कुछ भी करने से कुछ हासिल नहीं हो सकता था।

पीर मोहम्मद पढ़ा-लिखा था। वह अपने तईं खोजबीन में लग गया। उसको किसी ने कहा कि हज कमिटी वालों से जाकर मदद माँगनी चाहिये। वह पटना हज कमिटी के दफ़्तर गया तो वहाँ उसको बताया गया कि उसको विदेश मंत्रालय से संपर्क करना चाहिए। जो भी होगा वहीं से होगा। और किसी के बूते का कुछ भी नहीं है। संयोग से उन

दिनों पास के ज़िले के ही एक नेता नवल किशोर सिंह विदेश मंत्री थे। यह जानकर पीर मोहम्मद का हौसला बढ़ा।

उसने पहले मंत्री महोदय को चिट्ठी लिखी। जिसमें सब कुछ विस्तार से लिखा था कि किस तरह खेत बेचकर उसके अब्बा ने चार लाख जुटाए और उसके बड़े भाइयों को कुवैत भेजा। असल में तो उन लोगों को यह भी नहीं पता था कि खाड़ी का मतलब किन-किन देशों से होता है। वह तो सऊदी समझ रहे थे। इसी चिट्ठी से पता चला कि उनका भैया कुवैत में है। डाकखाने की मुहर भी है जिससे यह बात पक्के तौर पर कही जा सकती है कि वे कुवैत में ही हैं।

महोदय, इस लिखावट के नीचे भले किसी का नाम नहीं है लेकिन लिखावट मेरें मंझले भाई ग़ुलाम की है। वह इसी तरह से टेढ़ी मेढ़ी उर्दू लिखावट में लिखता था। बड़े भाई क़ादिर को तो लिखना आता ही नहीं था। इसीलिए वे चिट्ठी नहीं लिख पाए। मंझले भाई की इस चिट्ठी से ही समझ में आ रहा है कि वे कितनी परेशानी में हैं कि एक साल के बाद उनको पहली बार चिट्ठी भेजने का मौक़ा मिला। आप इसी से समझ सकते हैं कि उनके पास समय की कितनी क़िल्लत रही होगी कि वे तवील चिट्ठी नहीं लिख पाए।

पीर मोहम्मद ने अपने पत्र के साथ अपने भैया के ख़त को फ़ोटोस्टेट करवा कर लगा दिया। ख़त को भेजने के बाद वह जवाब का इंतज़ार करने लगा। लेकिन जब एक महीने तक कोई जवाब नहीं आया तो उन्होंने शहर में मंत्री महोदय के घर जाकर उनसे मिलने का समय माँगा। उसे बताया गया कि मंत्रालय के काम तो दिल्ली में ही होते हैं इसलिए उसको वहीं जाकर बात करनी चाहिए।

पीर मोहम्मद ने हार नहीं मानी। वह टिकट कटाकर दिल्ली पहुँच गया। मंत्रालय जाने पर पता चला कि वहाँ मिलने के लिये पहले से टाइम लेना पड़ता था। लेकिन उसको किसी ने बताया कि मंत्री जी से मिलना

अधिक आसान था। रोज़ सुबह आठ से नौ वह अपने आवास के दफ़्तर में मिलने वालों से मिलते थे। मंत्री जी के आवास का पता लेकर वह उनसे मिलने की कोशिश करने लगा। उसको किसी ने बताया कि मंत्री जी के पास जाने के लिए भी सोर्स होना चाहिये। गेट से उसको कोई अंदर ही नहीं जाने देगा।

पीर मोहम्मद जाकर मंत्री जी के आवास के गेट के बाहर खड़ा हो गया। उसने सोचा कि जब वे मंत्रालय जाने के लिए निकलेंगे तो वह उनकी गाड़ी के सामने आ जाएगा और अपना दुखड़ा सुनायेगा। उसने वैसा ही किया। मंत्री जी की गाड़ी गेट से जैसे ही निकली वह सामने आ गया और हाथ ऊपर उठाकर इशारा करने लगा। मंत्री जी ने ड्राइवर से गाड़ी रोकने के लिए कहा और उसको उँगली के इशारे से बुलाया। जब वह पास आया तो मंत्री जी ने गाड़ी का शीशा नीचे करके उससे पूछा, ''क्या बात है? गाड़ी के सामने क्यों खड़े थे?''

पीर मोहम्मद ने अपना परिचय दिया और सारी कहानी बयान कर दी। मंत्री महोदय ने जैसे ही उसका नाम सुना और यह सुना कि वह सीतापुरी ज़िले का है तो उन्होंने गाड़ी में बैठे अपने कर्मचारी से कहा कि वह इसको लेकर दफ़्तर जाये और इस मामले में तत्काल कार्रवाई की जाये। इसके भाइयों को वापस लाने का इंतज़ाम किया जाए। कहकर मंत्री जी निकल गये। पीर मोहम्मद भौंचक्का था।

वह समझ गया था कि सारी मुश्किल तंत्र की है। कुर्सी पर बैठा आदमी काम करने को तत्पर रहता है लेकिन उस तक पहुँचना आसान नहीं होता, बल्कि असंभव होता है। वह पिछले एक महीने से चक्कर लगा रहा था। उसको कोई मंत्री जी से मिलने ही नहीं दे रहा था। आज जब मंत्री जी से उसकी मुलाक़ात हुई तो काम ऐसे हुआ जिसे चुटकी बजाते हैं। अल्लाह उसके साथ थे। वर्ना जिस बात को कोई सुनने को भी तैयार नहीं था उसके ऊपर कार्रवाई होने वाली थी।

असल में इसके पीछे भी एक कहानी थी। पिछले कुछ दिनों से विदेश राज्य मंत्री नवल किशोर सिंह के ऊपर यह आरोप लग रहे थे कि उनके आस-पास के लोग पूर्व सोवियत संघ के देशों में मेडिकल में दाख़िला करवाने का रैकेट चला रहे थे। समाज इतना बीमार था कि डॉक्टर होना बहुत बड़ा और सम्मानित पेशा बनता जा रहा था और उसके लिए लोग अपने बच्चों के लिए औक़ात से बढ़कर पैसे खर्च करने को तैयार रहते थे। ज़िले में और आस-पास के ज़िलों में डॉक्टरों की शानो-शौक़त से भरी ज़िन्दगी लोग देखते और इसी सपने के साथ बड़े होते कि एक दिन डॉक्टर बनकर ऐसे ही आलीशान घर बनवायेंगे, लाखों लाख कमायेंगे।

इसी सपने को पूरा करने के लिए लोग अपने उन बच्चों को मेडिकल पढ़ने के लिए रूस और आस-पास के देशों में भेजने के लिए तैयार रहते। मंत्री जी के आस-पास के लोग उनके उस सपने को हक़ीक़त में बदलने का वादा करते। जो लड़के यहाँ पढ़ाई में कुछ ख़ास नहीं कर पाते उनके माता-पिता उनको मेडिकल की पढ़ाई के लिए विदेश भेजने की जुगत में लगे रहते। मंत्री जी के आस-पास के लोग उनसे पैसे लेते और बहुत सारे लड़कों को मेडिकल की पढ़ाई के लिए भिजवाया भी लेकिन ऐसे अनेक थे जिनका कहना था कि उन्होंने पैसे तो दिये लेकिन उनका दाख़िला विदेश के किसी मेडिकल कॉलेज में नहीं करवाया गया।

सबसे गंभीर आरोप उनके ऊपर लगाया था सीतापुरी के अनवर हुसैन नामक युवक ने। उसका कहना था कि मंत्री जी से कहकर यूक्रेन में मेडिकल में दाख़िला करवाने के नाम पर उनके एक करीबी ने उससे पैसे ले लिए थे और अब वह मुकर रहा था कि उसने उससे पैसे लिये थे। उसने अपनी ज़मीन बेचकर पैसों का इंतज़ाम किया था और अब वह पैसे वापस माँग रहा था लेकिन कोई उसकी सुनवाई नहीं कर रहा था। अनवर का कहना था कि उसके समाज के कई लड़कों के साथ इस तरह का धोखा किया गया था। उसने बहुत खुलकर कहा था कि मंत्री महोदय असल में मुसलमान समाज के विरोधी हैं और इसीलिए वे उस समाज के

होनहार नौजवानों को मेडिकल शिक्षा के लिए विदेश नहीं भेजना चाह रहे थे, यहाँ तक कि पैसे लेकर भी। उसने कहा था कि अगर एक महीने के अंदर उसको नहीं भेजा गया तो वह जल्दी ही कुछ और खुलासे करेगा।

मंत्री महोदय ने जैसे ही उसका नाम सुना पीर मोहम्मद, बस उनको अपनी छवि चमकाने का अच्छा मौक़ा मिल गया। वे जानते थे कि खाड़ी के देशों में भारतीय मज़दूरों के साथ अच्छा बर्ताव नहीं होता था। इस संबंध में उनके पास लगातार शिकायतें आती रहती थीं। वह भाँप गये कि यही उचित समय था उसकी मदद कर अपने मुस्लिम विरोधी होने के दाग को धोने का। उन्होंने अपने दफ़्तर से कहा कि तत्काल इस संबंध में वहाँ के दूतावास से संपर्क कर पता लगाया जाये। डाक की मोहर के आधार पर पता लगाने का निर्देश दिया जाए।

दूतावास ने भी फुर्ती दिखाई और कुवैत के एक घर से ऐसे बीस लोगों को आज़ाद करवाया गया और उनको घर भेजने की कार्रवाई शुरू की गई। उनमें पीर मोहम्मद के दो भाई तो थे ही आस-पास के मुस्लिम समाज के भी कुछ युवक थे।

इस घटना से न केवल मंत्री जी की छवि चमकी बल्कि पीर मोहम्मद की छवि भी मुस्लिम समाज में चमक गई। पढ़ा-लिखा, मेहनती, ईमानदार पीर मोहम्मद में लोगों को अपना नेता दिखाई देने लगा, जो उनकी ही तरह था, उनके बीच का था, उनका अपना था। वह बुरहान ख़ान की तरह उनसे दूरी बनाकर रहने वाला नहीं था। पीर मोहम्मद की भी हिम्मत बढ़ गई थी। जिस काम को लगभग असंभव माना जा रहा था उस काम को उसने कर लिया था। अपने भाइयों की सकुशल वापसी के साथ-साथ कम-से-कम दर्जन भर परिवारों के चिराग़ उसके कारण वापस आ गये थे। यह कोई छोटी उपलब्धि नहीं थी।

पीर मोहम्मद कंपीटिशन की तैयारी के साथ-साथ लोगों की मदद भी करने लगा। वह न छात्र नेता था, न किसी राजनीतिक दल से उसका

किसी तरह का संबंध था। शायद इसी वजह से उसकी लोकप्रियता भी बढ़ती जा रही थी। उसके लॉज के बाहर उससे मिलने-जुलने वालों का ताँता लगा रहता था। किसी को पुलिस से कोई शिकायत रहती थी, किसी को अस्पताल में कोई कमा रहता था, किसी को कलेक्टेरियट में। वह सबके लिए दौड़-भाग करता, सभी के काम करवाने की कोशिश करता।

पीर मोहम्मद की बढ़ती लोकप्रियता बुरहान ख़ान के लिये एक और परेशानी का सबब बन गई थी।

पुलिस फ़ाइल में

सुशील राय द्वारा केस दर्ज करवाने के बाद पुलिस छानबीन में जुट गई थी। लोगों से पूछताछ हो रही थी। रोज़ तरह-तरह के खुलासे हो रहे थे। अफ़वाह उड़ती कि आज किसी की गिरफ़्तारी होने वाली है जिससे सब खुलासा हो जाएगा। कभी यह अफ़वाह उड़ती कि छकौरी को परिहार प्रखंड में देखा गया था, कभी कोई कहता कि बेलसंड मेले में वह मुरेठा बाँधकर घूमता हुआ देखा गया था। सबसे बड़ी सनसनी यह थी कि औराई का गोपाल शर्मा सपरिवार ग़ायब था। वही गोपाल शर्मा जिसने सबसे पहले यह बम फोड़ा था कि छकौरी जनकपुर में दुकान चला रहा था। यही खबर थी कि पुलिस सरगर्मी से उसकी तलाश में थी और उसको पकड़ने के लिए जगह-जगह छापेमारी कर रही थी।

सीतापुरी न्यूज़ में छकौरी की खबरें फिर से छपने लगी थीं। अख़बार के रिपोर्टर ने विश्वस्त सूत्रों के हवाले से यह खबर लिखी थी कि पुलिस छकौरी पहलवान के घर वालों को परेशान कर रही थी। लेकिन दो दिन के बाद अख़बार में परिवार वालों का खंडन प्रकाशित हुआ जिसमें उसके पिताजी जागेश्वर यादव के हवाले से यह छपा था कि पुलिस ने उनसे बस एक बार पूछताछ की थी और उनको पूरा भरोसा दिलाया गया है कि वे उनके बेटे को खोज निकालेंगे।

जागेश्वर यादव ने यह भी कहा था कि उसके बेटे के बारे में यह अफ़वाह उड़ाई जा रही है कि उसने मन्दिर की मूर्ति तोड़ी थी। उनको

ऐसा नहीं लगता है कि उनका बेटा ऐसा कुछ कर सकता था। उनका कहना था कि यह कोई बड़ी साज़िश है जिसके तहत उनके बेटे को ग़ायब कर दिया गया है। उन्होंने पुलिस प्रशासन से यह अपील की थी कि वे जल्द-से-जल्द उनके बेटे के बारे में पता लगायें क्योंकि उनको इस बात का डर था कि कहीं उसकी हत्या न कर दी गई हो।

यह कोई नई बात नहीं थी। अक्सर लोग ग़ायब हो जाते। उनका कुछ अता-पता नहीं मिलता, न कोई सुराग, न चिट्ठी न पत्री। लेकिन कहीं न कोई सबूत मिलता था इसलिए कुछ कहा-सुना भी नहीं जा सकता था। लेकिन इस बार एक ऐसा इंसान ग़ायब हुआ था जो ज़िले का इनामी पहलवान था।

एक दिन सुबह के समय जब शहरवासी उठे तो शहर की दीवारों पर एक पर्चा चिपका हुआ था। उसमें छकौरी कांड के बारे में लिखा हुआ था। पर्चे में यह लिखा था कि छकौरी लाल यादव को लेकर पुलिस प्रशासन का रवैया संदिग्ध लग रहा है। उनकी गुमशुदगी की रपट भी लिखवाए अरसा गुज़र गया है लेकिन पुलिस उनको खोजने को लेकर गंभीर है ऐसा लग नहीं रहा है।

यह कितने अफ़सोस की बात है कि पुलिस उनके पिता, उनके नाते-रिश्तेदारों से ऐसे पूछताछ कर रही है मानो वे कोई अपराधी हों जिनकी तलाश की जा रही हो। यह बात ग़ौरतलब है कि अभी तक किसी ने भी उनके अपराधी होने को लेकर रिपोर्ट नहीं लिखवाई है। अभी तक एक ही रिपोर्ट जो लिखवाई गई है वह यह है कि हमारे ज़िले के उदीयमान पहलवान छकौरी यादव पिछले लगभग एक महीने से लापता हैं। कुश्ती के क्षेत्र में वे हमारे ज़िले की एक विराट प्रतिभा हैं। कल को वे राष्ट्रीय-अंतरराष्ट्रीय प्रतियोगिताओं में हमारे ज़िले को वह सम्मान दिला सकते हैं। ऐसी प्रतिभा के बारे में प्रशासन की इस तरह की उदासीनता का कारण समझ से परे है।

इस बीच उनके साथ जनकपुर की कुश्ती प्रतियोगिता में जाने वाले

श्री चमन जी ग़ायब हो चुके हैं। उनके घर वालों ने गुमशुदगी की रिपोर्ट भले दर्ज नहीं करवाई है लेकिन उसका कारण स्पष्ट है। वे लोग पुलिस के पचड़े में नहीं फँसना चाहते हैं। लेकिन उनके घर वाले बहुत परेशान हैं। अभी हाल में ही श्री गोपाल शर्मा भी सपरिवार ग़ायब हैं जिन्होंने दावे के साथ जिलाजीत पहलवान श्री छकौरी के जनकपुर में देखे जाने की घोषणा की थी। हालाँकि उनकी बात की सच्चाई संदिग्ध लगती है। फिर भी वे ग़ायब क्यों हुए?

यह एक बड़ी साज़िश है जिसका संबंध अगर किसी चीज़ से लग रहा है तो वह आसन्न चुनाव है। क्या पता श्री छकौरी यादव को चुनाव का टिकट मिलने वाला हो और किसी को इस बात का पता रहा हो। श्री छकौरी के ग़ायब होने के पीछे यही सबसे बड़ा कारण लगता है। हालाँकि इसकी सच्चाई छकौरी जी ही बता सकते हैं। श्री छकौरी जी ग़ायब हो चुके हैं या कहना चाहिये कि उनको ग़ायब कर दिया गया है।

अफ़सोस की बात है कि पुलिस प्रशासन इस दिशा में कुछ सोच नहीं पा रहा है। वह न जाने किसके इशारे पर उनको अपराधी बनाने पर तुला है। लग रहा है कि उनकी लोकप्रियता किसी की लोकप्रियता के आड़े आ रही है। लेकिन किसके? अफ़सोस की बात है कि पुलिस प्रशासन इस दिशा में सोच ही नहीं रही है।

आख़िर क्या कारण है कि इतने बड़े पहलवान की गुमशुदगी पर सरकार चुप है, पुलिस चुप है, प्रशासन चुप है, पब्लिक चुप है, मीडिया चुप है, महिला चुप है, पुरुष चुप है, जिसको देखो वही चुप है। क्या कारण है कि सभी चुप हैं?

जनतांत्रिक देश में हम नागरिकों को यह जानने का अधिकार है कि कौन है जो हमारे अधिकारों की जगह पर अपने अधिकार चला रहा है। कौन है जो एक एक आदमी को ग़ायब कर रहा है? कौन है जो यह चाहता है कि यह सच्चाई कभी लोगों के आमने न आ पाए? कौन

है वह जो चाहता है कि ज़िले की युवा प्रतिभाएँ काल के गाल में समा जायें? यह एक गहरी साज़िश का हिस्सा है। जाग जाइए, नहीं तो सब ख़त्म हो जाएगा!

सब ख़त्म हो जाएगा। वर्तमान को बचाने के लिए भविष्य को नष्ट मत होने दीजिए। उठिये और सवाल पूछना शुरू कीजिए। आप जैसे ही सवाल पूछना शुरू करेंगे तो जवाब आपको अपने आप मिलने लगेंगे। नहीं तो धूल-पानी की तरह हम मिट जाएँगे और हमारी मिटने की कोई निशानी भी नहीं बचेगी।

सबको पहला संदेह हुआ सुशील राय पर। वह पहले भी पोस्टर जारी कर चुका था। छकौरी पहलवान की गुमशुदगी पर रपट लिखवा चुका था। लेकिन इस पोस्टर के बाद सुशील ने सामने आकर कहा कि पुलिस की जाँच पर उसको फ़िलहाल कोई संदेह नहीं है। लेकिन जिस तरह से घटनाएँ घटित हो रही हैं वह हम युवाओं को सोचने के लिए मजबूर कर रही हैं। हमारा भविष्य हम लोगों से छीना जा रहा है। उसने घोषणा की कि शहर में युवा शांति मार्च का आयोजन किया जायेगा। जिसमें अपनी बाँह पर काली पट्टी बाँधकर चुपचाप प्रदर्शन करेंगे।

शहर के लिए यह सब नया था लेकिन बक़ौल बुटकुन बाबू हर चीज़ कभी-न-कभी पहली बार ही होती है। हम रोज़ कुछ-न-कुछ नया देखते हैं, नया सीखते हैं। दुनिया इसी तरह चलती है।

इस तरह का विरोध प्रदर्शन भी शहर के लिए नया था। हज़ारों की भीड़ बाँहों पर काली पट्टी बांधे चुपचाप चल रही थी और सड़क के दोनों तरफ़ के दुकानदार यह देखकर हैरान थे। उनको जैसे विश्वास ही नहीं हो रहा था कि शहर में इतना बड़ा जुलूस निकला हो और किसी ने उनके साथ बदतमीज़ी करने की कोशिश नहीं की, दुकान में घुसकर लूटपाट करने की कोशिश नहीं की। किसी के साथ मारपीट नहीं हुई। हज़ारों लोग चुपचाप चले जा रहे थे।

शहर बदल रहा था। लोग बदल रहे थे...

हवा में गर्मी बढ़ रही थी। छकौरी का कुछ पता भले नहीं चल रहा था लेकिन उसके नाम की चर्चा ज़ोरदार चल रही थी। जब तक वह था तब तक किसी के काम नहीं आ पाया था लेकिन ग़ायब होकर वह ज़िले की राजनीति के काम आ रहा था। चुनाव पास आता जा रहा था और वह चुनावी मुद्दा बनता जा रहा था। लेकिन चुनाव अभी दूर था और तब तक इस मुद्दे को गरमाये रखने की ज़रूरत थी। लेकिन मामला गर्म कैसे रहे? सभी दलों के नेता अपने-अपने ढंग से इसमें योगदान कर रहे थे।

अब तक बुरहान ख़ान इस पूरी कहानी से बाहर ही चल रहे थे। उनकी चर्चा तो कहानी में बहुत हो रही है लेकिन कहानी में अभिनय करने अभी तक आये नहीं हैं। कहाँ तो इस कहानी की शुरुआत में हम लोगों ने उनको तीन नायकों में से एक के रूप में देखा था और कहाँ इतनी कहानी बीत जाने के बावजूद उनका पदार्पण इसमें अभी तक नहीं हुआ है। चुनाव पास आ रहा है और ज़ाहिर है, चुनाव उनको भी लड़ना ही होगा। उसकी तैयारी भी करनी पड़ेगी। कई नेता ऐसे होते हैं कि वे चुनाव जीत नहीं पायेंगे लेकिन इसका मतलब यह थोड़े है कि चुनाव लड़ना छोड़ दें।

मुझे समाजवादी बुटकुन बाबू की एक बात फिर से याद आ रही है। वे कहते थे, ''नेता चुनाव नहीं लड़े तो वह काहे का नेता। चुनाव नहीं लड़ने वाला नेता नेता नहीं रह जाता। वह प्यादा बनकर रह जाता है। पाँच सालों में एक बार ही सही चुनाव लड़ने वाले नेता को पुलिस सुरक्षा मिलती है। लोगों का अटेंशन मिलता है, सामने वालों को टेंशन मिलती है। यह भी भी कोई कम बड़ी बात नहीं होती। आख़िर समाज में कितने लोग हैं जिनको इतना भी मिल पाता है।''

देखिए, अभी मैं यह सब याद कर रहा था, लिख रहा था कि बुरहान ख़ान प्रकट हो गये। सारी अफ़वाहों को गलत साबित करते हुए,

अपने नेपाल भाग जाने की खबरों को गलत साबित करते हुए। वे प्रकट हो गये। लेकिन इस बार उन्होंने जो किया वह तो सभी को आश्चर्य में डाल देने वाला था। मेहसौल चौराहे से पश्चिम की दिशा में उनका एक पुराना मकान था जिसको लेकर वाद-विवाद-संवाद चल रहा था। पिछले क़रीब बीस सालों से चल रहा था।

लेकिन उस मकान की कहानी और पुरानी थी। बुरहान ख़ान के चाचा कासिद निस्संतान थे इस कारण उनकी सारी संपत्ति बुरहान ख़ान की ही हुई लेकिन वह मकान नहीं। कहते हैं कासिद ख़ान ने वह मकान अपने सेवक अफ़ाक़ को दे दिया था। एक कागज पर लिखकर दे दिया था। पक्की रजिस्ट्री करवाने के पहले ही उनका देहांत हो गया। उनके मरते ही बुरहान ख़ान ने उस मकान को ज़बरदस्ती ख़ाली करवाने की कोशिश की। कोर्ट-मुक़दमा शुरू हुआ। बुरहान ख़ान का कहना था कि उनके चाचा को भांग खिलाकर अफ़ाक़ ने यह घर धोखे से अपने नाम करवा लिया। केस चलता रहा। घर बंद पड़ा रहा।

अब दोनों के बीच अंदर-अंदर क्या हुआ कि अफ़ाक ने मुक़दमा वापस ले लिया और वह मकान बुरहान खान को वापस दे दिया। बुरहान ने घर का रंग-रोगन करवाया और यह घोषणा कर दी कि उस मकान में वह अल्पसंख्यक समुदाय के छात्रों के लिए कोचिंग की व्यवस्था करेगा। साथ ही गाँव देहात से पढ़ने आये छात्रों को वहाँ दिन का खाना भी मुफ़्त दिया जाएगा। बुरहान का बयान *सीतापुरी न्यूज़* में छपा था कि अगर हमें अपने ज़िले के भविष्य को उज्ज्वल बनाना है, इसको समृद्ध बनाना है तो नौजवानों के सपनों को पर देने की ज़रूरत है।

उस भवन का नाम उसने अपने अब्बा स्वतंत्रता सेनानी ज़िलादार ख़ान के नाम पर रखा और उसके उद्घाटन के लिए सूबे के शिक्षा मंत्री मोमिन अंसारी को आमंत्रित किया और उन्होंने आने की मंज़ूरी भी दे दी। बुरहान खान अभी तक तो चुनाव लड़ते आये थे लेकिन इस बार

तो वे राजनीति कर रहे थे। चाल चल रहे थे। पीर मोहम्मद अंसारी के अचानक उभार ने उनको चौकन्ना कर दिया था। मंत्री महोदय आये और उनके सामने बुरहान ख़ान ने अपने भाषण में यह ज़ाहिर किया कि वे अब अपना जीवन नई नस्ल की शिक्षा में लगाना चाहते हैं।

उन्होंने बहुत भावुक होकर कहा, "मेरे अब्बा हुज़ूर कहते थे कि अंग्रेज़ों से तो हम लड़कर जीत गये लेकिन अभी उससे भी बड़ा दुश्मन हमारे मुल्क में बाक़ी है—जहालत। जब तक हम जहालत से मुक्ति नहीं पा लेंगे तक तक देश की बड़ी आबादी तक आज़ादी का असली मतलब नहीं पहुँच पाएगा। मेरे अब्बा को दुनिया से गए तीस साल हो गये लेकिन आज भी हमारी बड़ी आबादी शिक्षा से दूर है। उनके पास पढ़ाई लिखाई के साधन नहीं हैं। शहर में रहने का ठिकाना नहीं है। इसलिए अब मैंने यह तय कर लिया है कि मैं अब सियासत करूँगा तो अवाम में इल्म की रोशनी पहुँचाने के लिए। अब्बा के अधूरे सपनों को पूरा करने के लिए..." बोलते-बोलते वे कुछ भावुक हो गये तो वहाँ मौजूद भीड़ ने ज़ोरदार नारा लगाया—

मजबूरों का एक सहारा
भाई बुरहान ख़ान हमारा!

बाद में मंत्री महोदय मोमिन अंसारी ने बोलते हुए बुरहान ख़ान के अब्बा को याद किया। उन्होंने याद दिलाया कि जनाब ज़िलादार ख़ान ने आज़ादी की लड़ाई में आगे बढ़कर भाग लिया, पुलिस की लाठियाँ खाईं, जेल गये, लेकिन आज़ादी के बाद स्वतंत्रता सेनानी के नाम पर सरकार से मिलने वाला एजाज़ नहीं लिया। उनके ख़यालात बड़े ऊँचे थे। कहते थे मुल्क के लिए लड़ना अपनी माँ के लिए लड़ना होता है। इसके लिए एजाज़ क्यों लेना? जब तक जीवित रहे समाज के लिए काम करते रहे। क़ौम में किसी तरह का भेदभाव न हो वे ताउम्र इसके लिए काम करते रहे।

मोमिन अंसारी ने वहाँ मौजूद लोगों के सामने बहुत भावुक होते

हुए अपना निजी वाकया साझा किया। बताया किस तरह से उन्होंने मंत्री महोदय को राजनीति में आगे बढ़ाया था। जब वे पहली बार चुनाव लड़े तो ज़िलादार ख़ान ने उनको अपनी जेब से पैसे भी दिये थे। वे जीवन भर उनके एहसानमंद रहेंगे।

संदेशा साफ़ था। बुरहान ख़ान के अब्बा भी पूरे क़ौम का ख़याल रखते थे। न तो वे केवल पठानों का ध्यान रखते थे न ही बुरहान ख़ान।

उस दिन जोश में आकर बुरहान ख़ान ने एक और घोषणा की। उसने कहा कि सिर्फ़ शिक्षा ही नहीं वह चाहता है कि ज़िले के होनहार खिलाड़ियों के लिये कोचिंग की व्यवस्था करेंगे। उनका यह सपना है कि आने वाले समय में ज़िले का कोई खिलाड़ी एक-न-एक दिन पूरे देश में, पूरी दुनिया में ज़िले का नाम रौशन करे। और अधिक जोश में आते हुए उसने ऐलान किया कि ज़िले के जाने-माने पहलवान छकौरी यादव के नाम पर वे एक छात्रवृत्ति की शुरुआत करेंगे जिससे होनहार नौनिहालों को आर्थिक अभाव के कारण खेल बीच में ना छोड़ना पड़े।

विवाद का जिन्न

बुरहान ख़ान तो सही इरादे से नमूदार हुए थे लेकिन लगता है उनका समय ख़राब चल रहा था। कहते हैं कि पहले सिंडिकेट का ट्रक पकड़ाया। उससे उबरने का ब्यौंत लगाने में समय लग गया उसी बीच पीर मोहम्मद अंसारी का जिन्न निकल आया। अब अपने अब्बा के नाम पर इस नेक काम की शुरुआत की तो उससे भी विवाद की शुरुआत हो गई। वे आगे-आगे भाग रहे थे विवाद उनके पीछे-पीछे।

हुआ यह कि जिस दिन गरीब विद्यार्थियों के लिए कोचिंग सेंटर की शुरुआत कर रहे थे उसी दिन उन्होंने जोश में आकर छकौरी पहलवान के नाम पर छात्रवृत्ति देने की घोषणा कर दी और यह बहुत बड़े बवाल का कारण बन गया। इस बार सामने आये रामस्वार्थ राय। उन्होंने तो जैसे बुरहान ख़ान के ख़िलाफ़ मोर्चा ही खोल दिया। *सीतापुरी न्यूज़* में उनका बयान छपा। जिसमें उन्होंने बुरहान ख़ान से सीधे सवाल पूछा था—क्या ख़ान साहब को इस बात का पता है कि विराट प्रतिभा वाले पहलवान, ज़िले के गौरव श्री छकौरी यादव अब इस दुनिया में नहीं हैं?

रामस्वार्थ राय ने उनसे पूछा था कि क्या ख़ान साहब को यह नहीं पता है कि छात्रवृत्ति जीवित व्यक्ति के नाम पर नहीं दी जाती? "मुझे लगता है कि श्री छकौरी के साथ कुछ अनिष्ट हो चुका है और ख़ान साहब को इस बारे में अच्छे से पता है। नहीं तो वे उनके नाम पर छात्रवृत्ति की घोषणा क्यों करते? एक युवा प्रतिभा एक महीने से अधिक समय

से ग़ायब है। पुलिस जिनकी तलाश में लगी है, जिनके ग़ायब होने को लेकर युवाओं में आक्रोश है, उनके नाम पर छात्रवृत्ति की घोषणा करके ख़ान साहब ने साफ़ कर दिया है कि इतने दिनों से जिस साज़िश की बात चल रही थी उसके तार कहाँ जुड़े हैं! पुलिस-प्रशासन से यह माँग करता हूँ कि जाँच को इस दिशा से भी देखें।''

रामस्वार्थ राय के इस बयान के बाद कहानियों से कहानियाँ निकलने लगीं। यह कहानी चल पड़ी कि सारा शहर जानता है कि नेपाल से व्यापार कौन चलाता है। छकौरी अंतिम बार नेपाल में ही कुश्ती लड़ने गया था, जहाँ से वह कभी लौटा या नहीं यह तो पता नहीं लेकिन इतना सबको पता है कि इसके बाद वह किसी को दिखाई नहीं दिया। हो न हो बुरहान ख़ान ने उसका क़िस्सा वहीं ख़त्म करवा दिया हो। क्या पता उसको मरवा कर फिंकवा दिया हो। यह भी हो सकता है कि नेपाल में उसको अगवा करके कहीं रखा हो।

लेकिन इस क़िस्से के साथ यह क़िस्सा भी उतनी ही तेज़ी से चल रहा था। छकौरी के होने न होने से बुरहान खान को क्या फ़ायदा या नुक़सान हो रहा था? सारी राजनीति जब जाति-बिरादरी की ही है, उनके लिए ही है और उनके ही द्वारा है तो वह तो कहीं से बिल्ली की तरह उनके रास्ते में नहीं आ रहा था। बुरहान ख़ान उतना ही वोट बैंक बनाये रखने में यक़ीन रखते थे जिससे उनके बैंक की स्थिति अच्छी बनी रहे। अचानक से छकौरी की तरफ़ उसका ध्यान क्यों गया होगा भला?

जब इन कहानियों से बात नहीं बन पा रही थी तो क़िस्सों का रुख़ रामस्वार्थ राय की तरफ़ मुड़ गया। छकौरी से अगर किसी का कोई नुक़सान होता तो वह रामस्वार्थ राय ही थे। जाति एक थी समाज एक था। वह अगर कभी किसी समाज का नेता बनता तो अपने ही समाज का न? अगर वह किसी के रास्ते का काँटा बन सकता था तो वह रामस्वार्थ राय ही थे।

सुशील राय ने यही सवाल उठाया था कि न केवल छकौरी जी

ग़ायब हुए हैं बल्कि चमन भी ग़ायब है। वह चमन जो जनकपुर के उस दंगल में मौजूद था जिसमें छकौरी को आख़िरी बार कुश्ती लड़ते हुए और जीवन में पहली बार हारते हुए देखा गया था। उसी ने अन्हारी गाँव में आकर यह बात लोगों को बताई थी। जब पुलिस की जाँच शुरू हुई तो उसको किसने ग़ायब करवाया?

किसके कहने पर गोपाल शर्मा ने इस झूठ को प्रचारित किया कि छकौरी यादव जनकपुर में दुकान चला रहा है, कि वह पैसे लेकर कुश्ती हार गया था? जब पुलिस की जाँच शुरू हुई तो पूछताछ के डर से न जाने वह कहाँ ग़ायब हो गया। यह सब किस ओर इशारा कर रहे हैं। "मुझे डर है कि कोई सत्ताधारी व्यक्ति है जिसके इशारे पर सब हो रहा है। कोई बड़ा आदमी है जो इस जाँच को प्रभावित कर रहा है। इसको सही दिशा में आगे बढ़ने नहीं दे रहा है। कोई है जो अपने ही समाज की प्रतिभाओं को निगल जाना चाहता है। कौन है वो? पहचानिए और समय आने पर उसको बेनक़ाब कीजिए!" सुशील ने साफ़-साफ़ किसी का नाम नहीं लिया था लेकिन उसका इशारा साफ़ था।

कहानी की दिशा बदल रही थी। बिरंचीलाल साह इस तेज़ भागती कहानी में पीछे छूटते नज़र आ रहे थे। ऐसा लगने लगा था कि कहानी जिस दिशा में जा रही थी उसमें उनकी भूमिका समाप्त हो गई थी। लेकिन अच्छा पात्र भी अच्छे नेता की तरह होता है जो किसी भी कहानी में अपनी जगह बना लेता है। वह उपयुक्त समय की प्रतीक्षा करता है और कहानी में पुनः प्रवेश कर जाता है।

साह जी इस हुनर के उस्ताद माने जाते थे। उनकी पार्टी के एक नेता को फ़िल्मों का बहुत शौक़ था। कहते हैं कि वे एक सिनेमा रोज़ देखते थे। साह जी उनसे नज़दीकी बढ़ाना चाहते थे। तब नेताजी के किसी करीबी ने उनको नेताजी के इस शौक़ के बारे में बताया। साह जी की मुश्किल यह थी कि वह सिनेमा देखते ही नहीं थे। कभी-कभार कोई

धार्मिक फ़िल्म देख लेते या रविवार को टीवी पर आने वाला रामायण सीरियल। लेकिन इस सूत्र के हाथ लगते ही अगले कुछ महीनों में सिनेमा का ऐसा जुनून सवार हुआ उनके ऊपर कि वे अपने पोते की मदद से हिन्दी सिनेमा के विशेषज्ञ बन गये।

कहते हैं जब नेताजी से उनकी भेंट हुई तो बात-बात में बातचीत का रुख़ उन्होंने सिनेमा की तरफ़ मोड़ा और अपने सिनेमा ज्ञान का ऐसा परिचय दिया कि नेताजी प्रभावित हो गये और बिरंचीलाल साह को उन्होंने तत्काल प्रभाव से पार्टी का प्रदेश प्रवक्ता बना दिया था। यह कोई ऐसी उपलब्धि तो नहीं कही जा सकती लेकिन साह जी का सिद्धांत था—राजनीति में जीत हार से भी अधिक महत्त्व इस बात का होता है कि आप सर्कुलेशन में बने रहते हैं या नहीं। सारा कैलकुलेशन सर्कुलेशन का होता है।

राजनीति का नैरेटिव बदलता जा रहा था। ऐसे में साह जी को अपने इस कथन की याद आ गई होगी। उन्होंने फिर से उस बदलते नैरेटिव में अपना नैरेटिव जोड़ दिया। *सीतापुरी न्यूज़* में उनका बयान छपा—"यह बड़े दुर्भाग्य की बात है कि ज़िले में हनुमान जी के एक प्रतापी मन्दिर की मूर्ति को तोड़ डाला गया। सब जानते हैं कि यह घृणित कर्म किसका है। लेकिन दुख की बात यह है कि आज मन्दिर की बात कोई नहीं कर रहा। सब उस भगोड़े की बात कर रहे हैं जो दंगल में हारने के बाद न जाने कहाँ छिपा हुआ है। जो लोग उसको एक बड़े खिलाड़ी के रूप में याद करके आंसू बहा रहे हैं वे लोग शायद खेल भावना को भूल गए हैं। यह बात नहीं भूलनी चाहिये कि जो धर्म का अपराधी होता है वह मानवता का अपराधी होता है।"

उन्होंने आह्वान किया कि मन्दिर का पुनर्निर्माण नहीं हुआ तो क्या पता हमारे समाज में क्या हो जाए! लगे हाथ उन्होंने यह घोषणा भी कर दी कि अगली हनुमान जयंती के दिन मन्दिर में प्राण-प्रतिष्ठा का काम

किया जाएगा। किसी एक व्यक्ति के पाप की सज़ा पूरे समाज को वहन नहीं करनी चाहिये और हम लोगों को जाति-समाज से ऊपर उठकर सोचना चाहिए। जाति हमें तोड़ने का काम करती है तो धर्म जोड़ने का। इसलिए जाति से ऊपर उठिये और धर्म से जुड़िये। इस बात को याद रखिए कि धर्म को तोड़ने वाले को नायक के रूप में नहीं पूजना चाहिये, उसको पूजिये जो भक्त वत्सल है, जो व्यक्ति-व्यक्ति में भेद नहीं करता है। राजनीति से ऊपर उठिये और समाज की बात कीजिए।

अभी वाद-विवाद संवाद का यह दौर चल ही रहा था कि लुत्ती की तरह यह बात फैल गई। गाँव अन्हारी का निवासी, जनकपुर दंगल का एकमात्र गवाह चमन वापस आ गया था। वही जिसके ग़ायब होने को लेकर पुलिस प्रशासन पर सवाल उठाये जा रहे थे। वही जिसके ग़ायब होने को लेकर राजनीति शुरू हो गई थी। कहानी जैसे ही कोई दिशा लेती दिखाई दे रही थी कि उसमें एक नया ट्विस्ट आ गया।

चमन का सपना और सपने का चमन

चमन के घर के आगे भीड़ लगी हुई थी। वह सुना रहा था। ऐसे जैसे कोई कथावाचक सुना रहा हो। मैंने पढ़ा था कि पेशावर में एक बाज़ार का नाम क़िस्साख़्वानी बाज़ार है। जहाँ किसी ज़माने में शाम के बाद लोग एक-दूसरे को क़िस्से सुनाते और सुनने वालों की भीड़ लगी रहती थी। चमन क़िस्सा सुनाये जा रहा था...

''बात आश्विन पूर्णिमा की है। दोपहर में भात-दाल-आलू की भुजिया, ओल का अचार खाकर सोया हुआ था। हल्की ठंड हो गई थी इसलिए चादर ओढ़ कर बाहर दालान में सोया हुआ था। सपना आया। सपने में हनुमान जी आए। साक्षात! स्कूल वाले मन्दिर की मूर्ति में जिस रूप में थे उसी रूप में। मैं हाथ जोड़ कर उनके सामने खड़ा हो गया। डर के मारे या हनुमान जी को साकार रूप में देखकर मेरा पूरा शरीर जैसे काँप रहा था, आँखों से आँसू बहे जा रहे थे।

''हनुमान जी ने कुछ कहा नहीं। हाथ से पीछे आने का इशारा किया और आगे-आगे चलने लगे। वे आगे-आगे मैं पीछे-पीछे। चलते-चलते गाँव पार हुआ, शहर पार हुआ, इंडा पार हुआ, नहर पार हुई, लोग पार हुए, बाग पार हुआ। चलते-चलते जंगल आया। जंगल पार हुआ तो पहाड़ आ गया। वे बड़े आराम से चढ़ते जा रहे थे। अचरज की बात थी कि मैं भी उनके पीछे बड़े आराम से पहाड़ पर चढ़ता जा रहा था। न हाँफ रहा था, न थकान महसूस हो रही थी। चढ़ते-चढ़ते बहुत ऊँचाई

पर पहुँचा। वहाँ एक बहुत पुराना मन्दिर था। हनुमान जी उसी मन्दिर में गए और अंतर्धान हो गये। हुबहू अपने गाँव जैसा मन्दिर था। मेरी आँखें फटी-की-फटी रह गईं। जब तक कुछ समझता तब तक मेरी आँख खुल गई।''

''ख़ाली सपना ही सुनाते रहोगे या कुछ हक़ीक़त भी बताओगे,'' देवेंद्र साह ने उसकी कहानी को बीच में ही रोकते हुए पूछा।

''सुनना है तो चुपचाप बैठो यहाँ। हम कोई कथावाचक नहीं हैं भाई। जो आँखों से देखा सो ही बता रहे हैं। इसमें कनी सी भी मिलावट नहीं है। मिलावटी काम तुम लोगों का होता है,'' चमन ने देवेंद्र को डपटते हुए कहा।

देवेंद्र अपनी जगह से खड़ा हुआ और चमन की ओर बढ़ा। बड़े-बुजुर्गों ने बीच-बचाव किया नहीं तो उस दिन बात बहुत बढ़ गई होती। देवेंद्र साह गाँव का डीलर था। मतलब समझे। मतलब गाँव में सरकारी राशन सप्लाई करने वाला। डीलर आये दिन कभी कम राशन, कभी मिलावटी तेल की शिकायत का शिकार बनता रहता था। उसको अच्छा नहीं लगा कि वह उसके ग़ायब होने और प्रकट हो जाने की कहानी को सुनने के लिए बैठा हुआ है और चमन है कि बिना किसी प्रसंग के उसके कामकाज का प्रसंग बीच में ले आया। आख़िर कौन-सी बात किस मौक़े पर करनी चाहिए इसका शऊर तो होना ही चाहिये न!

''जब आँख खुल गई तो हमने देखा कि हम तो दालान में लेटे हैं। हनुमान जी मन्दिर का वह नज़ारा आँखों के सामने ऐसे तैर रहा था कि हमको यह बूझने में टाइम लग गया कि हम जो देखे थे वह सपना था और हम जहाँ पड़े हैं वह हक़ीक़त है। हमने तय किया कि सपने और सच को एक कर देना है। उस समय रास्ता मेरी आँखों के सामने इतना साफ़ था जैसे इजोरिया रात में सब कुछ साफ़ दिखाई देता है। गले में वही चादर लपेटे हम आगे बढ़ने लगे। लेकिन हम रोड से नहीं खेत के

रास्ते खुरपैरिये आगे बढ़ने लगे। उत्तर दिशा में बढ़ते-बढ़ते शाम हो गई फिर रात हो गई। सुनसान में चलते-चलते पहली बार यह महसूस हुआ कि इजोरिया रात में दिन और रात का अंतर कैसे मिट जाता है।''

''ई गप्पियों की तरह से क्या बके जा रहे हो। कह रहे हो चलते चले जा रहे थे। अरे कहीं रुके भी तो होंगे, किसी ने देखा भी तो होगा, कुछ खाया भी तो होगा, कुछ पिया भी तो होगा, कुछ देखा भी तो होगा, कुछ सुना भी तो होगा। काहे बुड़बक बना रहे हो। सपने में पहाड़ चढ़ने की बात तो समझे लेकिन सचमुच में कोई कैसे जा सकता है? तुम भुला गये हो कि तुम हिमालय पर नहीं रहते हो। जिस गाँव, जिस ज़िले में रहते हो वहाँ लोगों की भीड़-ही-भीड़ है। यहाँ पति-पत्नी को तो अकेले में मिलने का टाइम नहीं मिलता है। तुम कह रहे हो कि चलते-चलते तुम हिमालय पहुँच गये और तुमको किसी ने देखा तक नहीं। ग़ज़ब चूतिया बना रहे हो...'' एक बुज़ुर्ग ने टोका।

''बाबा, अभी हम जनकपुर भी नहीं पहुँचे और आप मुझे हिमालय पहुँचा दिये। अरे पूरी कहानी तो सुनिए। कहानी सुनना बड़े धीरज का काम होता है। कथा नहीं सुना रहे कि आप ग़लत को सही कर दें। सब्र रखिए। जो कहानी सुना रहा हूँ वैसी कहानी आपने कभी न सुनी होगी न पढ़ी होगी,'' चमन ने हाथ के इशारे से उनको बैठने के लिए कहा।

सब शांत हो गये तो चमन ने फिर से सुनाना शुरू किया, ''अभी बाबा कह रहे थे कि किसी ने तुमको देखा कि नहीं। अच्छा आप ही लोग बताइए, सीमा के उस पार नेपाल से तस्कर लोग लाखों-करोड़ों का माल किस रास्ते ले आते हैं। अरे बात समझिए आप लोग—चलने का रास्ता अलग होता है, जाने का रास्ता अलग।

''हाँ तो अब बीच में मत टोकियेगा और समय-समय पर हुंकारी मारते रहिएगा। मेरी यह कहानी भी सपने की तरह ही है। अगर बीच में बोले कि आँख खुल जाएगी। सपना टूट जाएगा।'' फिर रुककर अपना

गला साफ़ किया और सामने रखे लोटे से पानी का एक घूँट लिया और उसने फिर सुनाना शुरू कर दिया—

''चलते-चलते रात हो गई। लेकिन रास्ता साफ़ दिखाई दे रहा था। सच मानिएगा, ऐसे सुनसान में चलने में पहले मुझे डर लगता था लेकिन उस रात डर नहीं अच्छा लग रहा था। लग रहा था जैसे हनुमान जी मेरे साथ-साथ चल रहे हों। भूख लगी तो रास्ते में ऊँख का खेत दिखा। बिलम कर मन भर गन्ना खाया और फिर चल पड़े। अचरज की बात यह थी कि मुझे न तो नींद आ रही थी न थकान महसूस हो रही थी। अगले दिन हम जा पहुँचे जनकपुर। सीधा जानकी मन्दिर गये। हाथ-मुँह धोकर भंडारे का भोजन लिया और वहीं मन्दिर में एक किनारे चादर तान कर सो गया। उठा तो शाम हो गई थी और वहाँ कीर्तन चल रहा था। जाकर मंडली में बैठ गया।

जब कीर्तन ख़त्म हुआ तो साधुओं की मंडली से भेंट हुई। वे सब हिमालय से आये साधु थे। जब उनको मैंने अपनी यात्रा की कथा सुनाई तो उन्होंने मुझे भी अपनी टोली में शामिल कर लिया। रात में मन्दिर में ही विश्राम कर हम लोग आगे बढ़े। दिन भर इसी तरह वे लोग भजन गाते हुए चलते जाते, कहीं कोई कुछ खाने को दे देता वही खा लेते, रात होती तो किसी मन्दिर में विश्राम कर लेते। अगले दिन सवेरे फिर वही कार्यक्रम।

''कितने दिन चलने के बाद यह तो गिनती के साथ याद नहीं लेकिन हम कुलेश्वर हनुमान मन्दिर पहुँचे। नेपाल में काठमांडू के पास है। वहाँ एक दिन हम सोये हुए थे कि ऐसा लगा कि मुझे कोई जगा रहा है। आँख खुली तो लाल वस्त्र में एक सिद्ध पुरुष थे। बड़ी-बड़ी दाढ़ी, बड़े-बड़े बाल। जब मैं उठा तो इशारे से अपने पीछे आने के लिए कहा। उनके पीछे-पीछे चलता गया, चलता गया और पहाड़ पर एक मन्दिर में पहुँच गया। वही मन्दिर था जो मैंने सपने में देखा था। मन्दिर में हनुमान जी की मूर्ति पर मेरी आँख लगी और टकटकी लग गई जैसे। पता नहीं कब तक उसी अवस्था में बैठा रहा। जब ध्यान भंग हुआ तो पाया कि

वह सिद्ध पुरुष मेरे पास नहीं थे। मेरे आस-पास कोई नहीं था।

''मैं घबरा गया। इस सुनसान में अब मैं क्या करूँगा। मन में तरह-तरह के विचार आने लगे। हताश होकर भगवान की मूर्ति के सामने बैठ गया और आँखें मूँदकर उनका स्मरण करने लगा। जब आँख खुली तो श्वेत वस्त्रों में एक साधु मेरे सामने खड़े थे। मुस्कुराते हुए मुझे देख रहे थे। पूछने लगे, 'कहाँ से आए हो बच्चा? यहाँ किस काम से आये हो?' मैं कुछ नहीं बोल पाया। उनके चरणों में गिर गया। बस ज़ोर-ज़ोर से रोये जा रहे थे। पता नहीं किस बात पर रुलाई फूट रही थी। आँखों से आँसू थम ही नहीं रहे थे।

''बाबा ने उठाया और मेरे माथे पर प्यार से हाथ फेरने लगे। बोले, तुम्हारे दुख का कारण समझ रहा हूँ बच्चा। तुमने एक स्वप्न देखा था। अब उसका फल देखने आये हो। संसार माया है और तुम उस माया के बंधन से निकलकर अपने जीवन का सार जानने के लिए आये हो। सब समझता हूँ बच्चा। सब समझता हूँ। बहुत अनिष्ट हुआ पृथ्वी के उस हिस्से में। बहुत अनिष्ट हुआ है। ईश्वर की पवित्र मूर्ति को किसी ने खंडित कर दिया है। वह ढोंगी है, पाखंडी है। जिसने भी ऐसा कृत्य किया है वह इस समय नरक जैसी यातना भोग रहा होगा!''

''क्या?'' एक साथ कई आवाज़ें बोल उठीं। एक साथ कई आँखें कौतूहल से चमक उठीं। एक साथ कई साँसें थम गईं।

''यही आवाज़ मेरे मुँह से भी निकली। हम भी जानना चाहते थे कि आख़िर मूर्ति तोड़ने के बाद छकौरी कहाँ गया? उसका क्या हुआ? अब तक वह कहाँ है? क्या संसार में है या इस संसार से बाहर जा चुका है? बहुत सारे सवाल थे। जिनका जवाब हमको लगा कि बाबा दे सकते थे। बाबा अंतर्यामी निकले। वे सब जानते थे। बोले, 'तुम सच जानते हो बच्चा। बस वही सच तुमको भटका रहा है। जानता हूँ, यह सच बहुत लोगों को परेशान कर रहा है। सच हमेशा सुख ही नहीं देता वह दुख का कारक भी बन जाता

है। हम सच जितना ही जानते हैं उतना ही दुख, निराशा हमारे अंदर भरती जाती है। सच बताऊँ तो सच कोई अच्छी बात भी नहीं होती!'

"बाबा, छकौरी कहाँ है?" हमारे मुँह से निकला।

"छकौरी है। इसी संसार में है। लेकिन जहाँ है बहुत कष्ट में है। उसके कष्ट की मुक्ति का एक ही उपाय है—खंडित मन्दिर का नवनिर्माण! विध्वंस हो चुका। अब निर्माण का समय है। उसी में सबका हित छिपा हुआ है। सबका कल्याण छिपा हुआ है। नहीं हुआ तो जाने क्या जुलम हो जाएगा।"

यह कहकर बाबा ने मन्दिर के कुंड से भस्म निकाली और एक कागज में लपेटकर मुझे देते हुए बोले, "जाओ, अब सीधे अपने गाँव चले जाओ। मेरा आशीर्वाद है रास्ते में कहीं कोई बाधा नहीं आयेगी। गाँव पहुँचकर बड़े बुज़ुर्गों से कहना कि महावीरी झंडे का आयोजन करें। उसके बाद हनुमान जी के खंडित मन्दिर में जाकर यह भस्म रख देना। बस उसी दिन उस मन्दिर की प्राण प्रतिष्ठा हो जाएगी। वहाँ कोई मूर्ति स्थापित करने की ज़रूरत नहीं है। भगवान जाग्रत रूप में मन्दिर में विराजमान रहेंगे। लेकिन पहले महावीरी झंडा होना चाहिये। हनुमान जी उससे प्रसन्न होते हैं।"

कहकर चमन उठा और अंदर गया। हाथ में एक पुड़िया लेकर लौट आया। बोला, "यही है भस्म जो हिमालय वाले बाबा ने दी थी।" कहकर उसने भस्म को गाँव के सबसे बुज़ुर्ग व्यक्ति महेन्दर सिंह के हाथ में दिया और बोला, "अब आपके हाथ में ही है। चाहे तो विनाश होने दें गाँव का, समाज का, चाहें तो उसको रोक दें। मेरे सामर्थ्य में इतना ही था। एक महीने से ऊपर हो गया भटकते-भटकते। बस एक ही चिंता थी कि भगवान के साथ जो हुआ है वह ठीक हो जाए। अब आप लोग जानिए और भगवान जानेंगे।"

वहाँ मौजूद लोगों ने ज़ोर का नारा लगाया—बोल बजरंग बली

की जय! मारुतिनंदन की जय! इसके बाद महेन्दर सिंह उठे और बोलने लगे, ''भगवान की मूर्ति को किसने तोड़ा इसके बारे में सोचना बेकार है। उसमें समय क्या लगाना। जो भी हो अपने करमों का फल उसको मिलेगा-ही-मिलेगा। दास कबीर कह गये हैं—

करम गति टारै नाहिं टरी॥
मुनि वशिष्ठ से पण्डित ज्ञानी, सिधि के लगन धरि।
सीता हरन मरन दसरथ को, बनमें बिपति परी॥ 1॥
कह वह फन्द कहाँ वह पारधि, कहँ वह मिरग चरी।
कोटि गाय नित पुन्य करत नृग, गिरगिट-जोन परि॥ 2॥
पाण्डव जिनके आप सारथी, तिन पर बिपति परी।
कहत कबीर सुनो भै साधो, होने होके रही॥ 3॥

''चमन ने बहुत ही पुण्य का काम किया है और सबसे बढ़कर अपने स्वार्थ से हटकर पूरे समाज का सोचकर कुछ किया है। इसलिए अब सोच-विचार, किन्तु-परन्तु करने का समय नहीं है। ई कहानी तो आप सबसे सुनी ही होगी कि ज़्यादा तर्की इंसान जो होता है वह तीन बार माखता है। हुआ यह कि एक बहुत विद्वान आदमी सड़क पर चले जा रहे थे। उनकी चप्पल में पखाना लग गया। कोई आम आदमी होता तो चप्पल की गंदगी को मिट्टी से रगड़ कर छुड़ा लेता, या आस-पास कहीं पानी होता तो उससे धो लेता और अपने रास्ते चलता चला जाता। लेकिन उस तर्की आदमी ने पहले तो उसको उँगली से छूकर देखा कि यह है क्या, फिर नाक से लगाकर देखा कि इसकी गंध कैसी है, जब इतने से भी संतोष नहीं हुआ तो जीभ से लगाकर देखा कि इसका स्वाद कैसा है? समझे न!''

वहाँ मौजूद सभी लोग ठहाका लगा लगाकर हँसने लगे।

''तो कुल बात इतनी है कि हम अब इस बात पर अधिक सोच-विचार नहीं करेंगे। चमन ने इतने विस्तार से जो कहानी सुनाई है उसमें कोई किन्तु-परन्तु करने की ज़रूरत मुझे तो नहीं लगती है। और हमको

नहीं लगता है कि यह कोई किन्तु-परन्तु वाली बात है। कोई ज़रूरी नहीं है कि हम भूतही जैसा विशाल महावीरी झंडा बनाएँ। जितना सामर्थ्य है हमारा, जितना सहज भाव से मिल-जुलकर हम लोग जुटा पायेंगे उतने में बनेगा। लेकिन महावीरी झंडा हो और उसके बाद मन्दिर में हनुमान जी की प्राण प्रतिष्ठा हो जाये।''

सब बड़े बुजुर्ग इस बात से सहमत लग रहे थे। बस गाँव के नवयुवक संघ के कुछ कार्यकर्ता कुनमुना रहे थे। नंदन यादव का कहना था, ''ई चमनवा एक नंबर का गजेड़ी है। हो-न-हो बाबा-ताबा के चक्कर में गाँजा के फेर में निकल गया हो। कौन नहीं जानता है कि नेपाल में गाँजा कितना मिलता है। बाबा-ताबा सबके साथ रहने का सबसे बड़ा फ़ायदा यही था कि जम के गाँजा पियो, मुफ़्त में तर माल उड़ाओ। इसकी बात का कोई भरोसा है ?''

लेकिन उस समय गाँव का माहौल ऐसा था कि कोई कुछ सुनने के लिए तैयार नहीं था। सच सब समझते थे लेकिन जाने क्या हो गया था कि सब झूठ के साथ हो गये थे। आस्था सहज बुद्धि के ऊपर ऐसी हावी हो गई थी कि उससे अलग कुछ भी बोलने में ख़तरा महसूस होता था। यहाँ तक कि सोचने में भी। नंदन को नवयुवक संघ के कार्यकर्ताओं ने समझाया कि अभी समय नहीं है इस तरह की बातों को याद करने का। आस्था स्थल टूटा है और इससे आस्था और मज़बूत हो गई है। आस्था ऐसी चीज़ होती है कि उसके आगे स्वयं ईश्वर का भी कोई ज़ोर नहीं चलता। इसलिए चुप रहो और जो हो रहा है होने दिया जाये। कभी-कभी समय ऐसा आ जाता है कि कुछ कहने-सुनने का मतलब नहीं रह जाता। कई बार बोलने वालों को बस देखने वाला बन जाना पड़ता है।

एक दिन समय आएगा जब सबको यह समझ में आ जाएगा। सच क्या है और झूठ क्या है, इसका अंतर साफ़ दिखाई देने लगेगा। लेकिन वह दिन आज नहीं है। कभी-कभी जनवरी की बात दिसंबर में जाकर

समझ आती है। समझ लो अभी जनवरी चल रहा है। इंतज़ार करना है हमें अपने दिसंबर का। हो सकता है ग्यारह महीने के बाद आ जाये, हो सकता है ग्यारह साल के बाद भी आये। अभी जनमत एक तरफ़ है इसलिए मनमत को रोके रखने में ही समझदारी है।

"लेकिन तब तक बहुत देर हो चुकी होगी," नंदन गंभीर स्वर में बोला।

लेकिन उस समय इतना सोच-विचार करना ही कौन चाह रहा था। सब तरफ़ यही हल्ला था कि चमन हिमालय गया था। उसको हनुमान जी ने साक्षात् दर्शन दिया था। उनकी भभूति लेकर लौटा है। इतने विस्तार से पूरी कहानी सुना रहा है तो झूठ थोड़े बोल रहा होगा। उसको देख के ही लग रहा है कि वह झूठ नहीं बोल रहा। कोई कहता कि उसके माथे से तेज टपकने लगा है जैसे अंतर्यामी से कोई ज्ञान मिल गया हो। कोई कहता कि साफ़ दिखाई देने लगा है कि चमन अब पहले वाला चमन नहीं रह गया है। कहते हैं न कि जितने मुँह उतनी बातें।

ऐसा समय आ गया था कि लोगों ने झूठ पर संदेह करना छोड़ दिया था। बोलने वाले कम होते जा रहे थे, सुनने वाले बढ़ते जा रहे थे। नहीं तो बताइए कल तक जिस चमन को कोई गंभीरता से नहीं लेता था उसको अचानक लोग सत्यवादी हरिश्चन्द्र क्यों मान रहे थे। हवा बदल रही थी।

हवा नहीं बदल रही होती तो क्या गाँव के लोग, आस-पास के गाँव के लोग, शहर के लोग, ज़िले के लोग अपने गुमशुदा, होनहार खिलाड़ी की तलाश के बजाय महावीरी झंडे की तैयारी में लगे होते, मन्दिर में प्राण प्रतिष्ठा में लगे होते। लेकिन इतने तर्क-वितर्क का समय कहाँ था? जाति के नाम पर विभाजित समाज को धर्म के नाम पर जोड़ने के लिए हनुमान जी का सहारा लिया जा रहा था और कोई इस पुण्य काम से अलग नहीं दिखना चाहता था कि कल को कहीं उसको धर्म विरुद्ध होने की सज़ा का भागी न बनना पड़ जाये।

सबसे ऊपर अपना झंडा महावीर असवारी है

धीरे-धीरे यह बात फैलने लगी कि अन्हारी गाँव के नवयुवक चमन के सपने में हनुमान जी आए और बोले कि अगर तुम हिमालय पर्वत के ऊँचे शिखर पर अवस्थित मेरे मूल मन्दिर में आओगे और वहाँ के पुजारी सिद्ध पुरुष के कहे अनुसार चलोगे तो तो तुम्हारे गाँव का कल्याण होगा, उस धरती पर पग धरने वाले हर व्यक्ति का कल्याण होगा। चाहे कोई जात हो, कोई धर्म हो, चाहे जैसे करम हों, जैसी करनी हो, जैसी माँगुर हो, बिढ़नी हो किसी के साथ कोई भेदभाव नहीं होगा। देवता ने उसको साक्षात् दर्शन दिया और यह निर्देश दिया। कहा कि अगर मानेंगे गाँव वाले तो कल्याण होगा।

जब बात सबके कल्याण की हो तो कौन उससे अलग बात कर सकता था। ग़ुलामी रही हो या आज़ादी गाँव के कल्याण की बातें तो बहुत की जाती रहीं लेकिन कल्याण के नाम पर उस गाँव में गीता प्रेस की *कल्याण* पत्रिका के अलावा कुछ नहीं आया था। ऐसे में हिमालय से इतना अच्छा संदेश आया हो, इतना स्पष्ट तो उसको आज़माने में कोई दिक़्क़त तो नहीं लग रही थी। भाग्योदय का ऐसा अवसर गाँव वाले जाने देना नहीं चाहते थे।

पहले बात हुई थी गाँव वाले चंदा करेंगे और जितना अपने सामर्थ्य से होगा वैसा झंडा बनायेंगे। लेकिन अब बात सिर्फ़ अन्हारी गाँव की नहीं रह गई थी। जैसे-जैसे बात फैलती जा रही थी लोग चमन के दरवाज़े पर

आते जा रहे थे। हिमालय वाले बाबा की दी हुई भभूति को सब देखना चाह रहे थे। उससे आशीष लेना चाह रहे थे। लोगों की भीड़ को देखते हुए चमन ने अपने दरवाज़े पर शीशे के एक बक्से में बंद करके भभूति को एक कुर्सी चौकी के ऊपर रख दिया। लोग आते। उसके सामने सिर झुकाते और जैसी श्रद्धा होती वैसा चढ़ावा चढ़ाते। चमन ने ऐलान कर दिया कि जो भी चढ़ावा चढ़ रहा है सब महावीरी झंडे के काम आयेगा।

चढ़ावा इतना आने लगा कि गिनती के लिए गाँव के नवयुवक संघ के युवा आ गये। उनका काम था रोज़-रोज़ के चढ़ावे का हिसाब लिखना और गाँव के बड़े बुजुर्गों की देखरेख में बनी एक तिजोरी में जाकर जमा कर देना। गाँव का कल्याण होता या नहीं यह तो बाद की बात थी लेकिन फ़िलहाल तो यही लग रहा था कि गाँव में सबको काम मिल गया था। जो जहाँ था महावीरी झंडे के काम में लगा हुआ था।

आने वाले मेले को देखते हुए मूढ़ी-कचरी बेचने वालों से लेकर पेड़ा, रसगुल्ला बेचने वाले भी तैयारी में लग गये थे। उस गाँव के सोनपापड़ी बनाने वालों की ज़िले में धूम थी। एकदम महीन सन जैसी। बेसन और चीनी की गरम चाशनी को हाथों से खींचकर पतले-पतले रेशे खींचने का हुनर अन्हारी गाँव के सोनपापड़ी बनाने वालों के पास ही था। नंदन यादव की यह बात बहुत सही थी कि छोटे-छोटे गाँव के हुनर को बड़े-बड़े शहर वालों ने अपने नाम पेटेंट करवा लिया। जो अच्छी चीज़ें बनाने वाले थे वे अपने गाँव में ही सिमटे रह गये जबकि उससे औसत माल बनाने वाले दुनिया भर में मशहूर हो गए।

कम-से-कम अन्हारी की सोनपापड़ी के लिए तो यही कहा जा सकता था। अब कौन समझाए कि सोनपापड़ी की जो मिठाई डिब्बों में बंद होकर पर्व-त्योहारों पर लोग एक-दूसरे को देते हैं वह असली सोनपापड़ी है ही नहीं। असली महीन सोन पापड़ी खानी हो तो अन्हारी गाँव के सोनपापड़ी बनाने वालों के हाथ की खानी चाहिये।

सब तैयारी में लगे हुए थे। महावीरी झंडे के उस मेले की जो अन्हारी में पहली ही बार होनें जा रहा था। सब जोश में थे। खाने-पीने का सामान बेचने वाले, झूला लगाने वाले, बाइस्कोप वाले, कठघोड़वा वाले, चूड़ी वाले, बिंदी वाले, नक़ली हार वाले, असली मोहर छाप वाले। सब तैयारी में लगे थे।

जोश की इस खबर से सब होश में आ रहे थे। जब यह खबर बिरंचीलाल साह के पास पहुँची तो वह बिना देर किए चमन के दरवाज़े पर पहुँचा और मन्दिर निर्माण के नाम पर जो धन आया था सबको झंडा निर्माण के लिए देने की घोषणा कर दी। अन्हारी गाँव का महावीरी झंडा ऐसा होता जा रहा था जिसमें अब सब अपना अपना डंडा लगाने में लग गये थे।

लगे हाथ साह जी का बयान भी आ गया, ''चाहते थे कि हनुमान जी के उस मन्दिर के स्थान पर एक भव्य मन्दिर बने। उस भग्न मूर्ति के स्थान पर एक विशाल मूर्ति की स्थापना की जाये। अब चमन जी हिमालय से जाकर पवित्र भभूति लाये हैं, और सबके कल्याण के लिए लाये हैं। ऐसा परोपकारी व्यक्ति आजकल के ज़माने में कौन होता है। जिस आदमी के संस्कार इतने ऊँचे हों उनके परोपकार के आह्वान में मैं पीछे नहीं हटने वाला, बल्कि सबसे आगे रहूँगा। महावीरी झंडा पूरे ज़िले के सम्मान के लिए होगा और वह ऐसा होगा जिसको आने वाले सालों में लोग याद करेंगे।''

जो बात गाँव की एक गली से शुरू हुई थी धीरे-धीरे ज़िले की गली-गली तक पहुँच रही थी।

इसके बाद तो शहर का शायद ही कोई व्यापारी, कोई सेठ, कोई अफ़सर, कोई बाबू, कोई कारिंदा ऐसा रहा हो जिसने महावीरी झंडे में अपना योगदान नहीं दिया हो। जो समाज छकौरी की तलाश के लिए आवाज़ नहीं उठा रहा था वह महावीरी झंडे के लिए एकजुट होता जा

रहा था। समय ही ऐसा आ गया था। सबकी ज़ुबान पर हनुमान नाम था। लोगों में यह जताने की होड़ मची थी कि कौन सबसे बड़ा भक्त है। भक्ति ही सबसे बड़ी शक्ति होती जा रही थी।

जितना लोग महावीरी झंडे के लिए चंदा दे रहे थे उतना ही चमन के दरवाज़े पर भभूति दर्शन के लिए भी लोगों की भीड़ बढ़ती जा रही थी। लग रहा था कि जैसे उसका घर ही मन्दिर बन गया हो। लोग फूल चढ़ाते, उड़हुल चढ़ाते, दूध चढ़ाते, बताशे चढ़ाते, लड्डू चढ़ाते, पेड़ा चढ़ाते। दिन भर में इतना प्रसाद आ जाता कि गाँव भर के बच्चे खा लेते तब भी ख़त्म नहीं होता था।

उन्हीं दिनों गाँव के बड़े-बुजुर्गों में दबे स्वर में यह चर्चा भी होने लगी—कल्याण का मतलब और क्या होता है। गाँव भर के लोगों को भरपेट भोजन मिल रहा था। झंडे के बहाने से ही सही हर हाथ को काम मिल गया था। और क्या चाहिए! सब कह रहे थे, चमन ने हम लोगों का भाग्योदय करवा दिया। गाँव के नौजवान लड़कों में भी इस बात की उम्मीद बढ़ गई थी कि इसके बाद उनकी शादी भी अच्छे-अच्छे गाँव के अच्छे-अच्छे घरों की अच्छी-अच्छी लड़कियों से हो सकती थी।

सबसे बड़ी बात यह कि यह ऐसा मुद्दा था जिसके विरोध में कोई नहीं बोल पा रहा था। यहाँ तक कि रामस्वार्थ राय ने भी दिल खोलकर चंदा दिया था और कहा था महावीरी झंडा जितना ऊँचा बनेगा हमारे ज़िले का सम्मान बढ़ेगा। ज़िले के सम्मान की आन-बान से कोई समझौता नहीं किया जाना चाहिये। सूबे के जिन ज़िलों में, क़स्बों में, गाँवों में, टोलों में महावीरी झंडा बनाने के माहिर लोग थे सबको आमंत्रित किया गया था ताकि किसी तरह की कमी न रह जाये। झंडा शानदार बने, यादगार बने। सबके कल्याण के लिए बने, ज़िले की शान के लिए बने।

महावीरी झंडा ऐसा हो गया था कि जो भी आ रहा था उसकी शान में कुछ करने का ऐलान कर रहा था। शासन वाले, प्रशासन वाले, आसन

वाले, भाषण वाले, गोला वाले, गद्दी वाले, मन्दिर वाले, चित्र मन्दिर वाले, मीठे वाले, नमकीन वाले, एम्बेसेडर वाले, फ़िएट वाले, साइकिल वाले, रिक्शा वाले।

इस बात पर लोगों का ध्यान नहीं जा रहा था कि महावीरी झंडे के जोश और हिमालय की भभूति लाने के कारण चमन केंद्र में आता जा रहा था। धर्म और राजनीति का मेल करवाने वाले नेता, जाति को फेविकोल का मज़बूत जोड़ बनाने वाले नेता सब पार्श्व में जा रहे थे। चमन केंद्र में आता जा रहा था। उसके पास धर्म की ऐसी पुड़िया थी जिसने ज़िले भर के लोगों को दीवाना बना दिया था।

नंदन जैसे युवा भी अब नवयुवक संघ के साथ महावीरी झंडे की तैयारी में लगे थे। यह समय इसका नहीं था कि चमन को गंजेड़ी ठहराया जाए, भगोड़ा ठहराया जाए। अब सब यही कहने लगे थे कि चमन शुरू से ही दिल का बहुत साफ़ था। तभी तो लोग उसको भरमाकर ग़लत संगत में डाल देते थे। जो दिल का साफ़ होता है उसके सात खून माफ़ होते हैं। ऐसा नहीं होता तो उसके सपने में हनुमान जी स्वयं आते? उसको अपना पवित्र मन्दिर दिखाने ले जाते? उसको भभूति देते? ईश्वर ऐसे ही किसी को नहीं चुनते हैं। जिस आदमी में अपने लिए माया मोह नहीं होता है उसी को ईश्वरीय कृपा मिलती है।

चमन ही चमन था। वह क़िस्सों में था, कहानियों में था, हीलों में था, हवालों में था। बस हर जगह वही छाया हुआ था। जिस ज़िले में आशु कवि जगत नक्षत्र की यह बानी चलती थी—'यह कहके शाखे गुल भी शजर से जुदा हुआ/इज्जत उसे मिली जो वतन से निकल गया।' वहाँ अब यह बानी जैसे उलट गई थी। चमन की लोग मिसालें देते कि उसके कारण पिछड़ों में पिछड़ा कहलाने वाले हमारे गाँव का नाम आज सूबे में ही नहीं पड़ोसी देश नेपाल के भी सीमावर्ती ज़िले में भी फैल रहा था। दूर-दूर से लोग एक बार चमन और भभूत के दर्शन के लिए आ रहे थे।

उस चमन के, जिसके कारण इतना बड़ा कायापलट हो रहा था।

अब बताइए भला, जिसको भगवान से, साधु संतों की संगत से इतना कुछ मिला, चाहता तो अपने लिए, अपने परिवार के लिए क्या नहीं कर लेता। बैठे-बैठे तर माल चाँपता, चढ़ावे से घर भर जाता। अभी भी देखिए पुरानी हवेली में ही रहता है परिवार। चाहता तो क्या नहीं कर लेता। लेकिन नहीं, उसको तो गाँव की पड़ी है, समाज की पड़ी है। अपनी सुध कहाँ रहती है उसको। दुआर पर रखी भभूति से जो भी चढ़ावा आता है उसको महावीरी झंडे के नाम दे देता है, जो प्रसाद आता है गाँव के बच्चों में बँटवा देता है। सच्चा निर्मोही है।

लोग कहते समाज में अब ऐसे निर्मोही रह कहाँ गये हैं। अगर कहीं कोई गलती से उसकी आवारागर्दी की चर्चा छेड़ बैठता तो कोई अचानक कह उठता कि वाल्मीकि से बड़ा महात्मा संत कौन हुआ? डाकू थे। मरा-मरा जपते-जपते राम तक पहुँच गये। राम की ऐसी कथा लिख दी कि आज तक उसी कथा को अपनी-अपनी तरह से फेंट-फाँट कर न जाने कितने लोग कवि हो गये, कथावाचक हो गये, मास्टर हो गये, प्रोफ़ेसर हो गये, गायक हो गये, गायिका हो गये। सब के मूल में वाल्मीकि की लिखी वही कथा है। वही वाल्मीकि जो पहले डाकू थे। बौद्ध धर्म में भी अंगुलिमाल नामक लुटेरे की कथा आती है जो भगवान बुद्ध के संपर्क में आया और उसका हृदय परिवर्तन हो गया। अजामिल की कथा किसको याद नहीं है? बहुत दुराचारी था। मरते समय उसने अपने छोटे बेटे नारायण को आवाज़ लगाई और भगवान इसी से खुश हो गये और उसके सभी पापों को माफ़ कर दिया।

''आदमी की संगति ही उसको बनाती है, उसको बिगाड़ती है। चमन साधुओं की संगत में रहकर आया है। उससे इसके अंदर का कलुष धुल गया है। मन में अगर इसके कोई मैल रहा भी होगा तो अब वह नहीं रहा। पहले यह सिर्फ़ अपनी सोचता था। अपने सुख की लिप्सा में

लगा रहता था,लेकिन अब यह समस्त मानवता के सुख की तलाश में लग गया है। शास्त्रों में बताया गया है कि बड़े-बड़े साधु-संतों को इसी तरह ज्ञान मिलता रहा है।''

गणपत पंडित जी बोलते-बोलते थोड़ा रुक गये और फिर बोलने लगे, ''जिन लोगों ने भी दुनिया को बदला है उन सबके जीवन में बदलाव का एक क्षण आया और वे बदल गये। महात्मा गाँधी को ही ले लीजिए। बाद में देश के राष्ट्रपिता कहलाये। लेकिन उनकी आत्मकथा पढ़ लीजिए। उन्होंने क्या-क्या नहीं लिखा है। जानते हैं दक्षिण अफ्रीका में कितने अश्वेतों को ट्रेन से उतार दिया जाता रहा होगा। लेकिन महात्मा गाँधी को ही यह एहसास क्यों हुआ कि इस भेदभाव को दूर करना चाहिये। कौन नहीं जानता है कि उसके बाद अंग्रेज़ों का उन्होंने क्या हाल कर दिया। थे तो वो भी महात्मा ही न। उनको भी किसी गुरु ने सच्चा ज्ञान दिया था। ज्ञान मिलने के बाद उन्होंने धोती छोड़कर और कोई वस्त्र धारण नहीं किया।''

एक ऐसी हवा चल पड़ी थी जिसने सभी दूसरी हवाओं का रुख़ ही बदल कर रख दिया था। लोगों को मन्दिर याद रह गया था, छकौरी को भूलते जा रहे थे। सुशील राय, पीर मोहम्मद अंसारी पार्श्व में चले गये थे। कहानी जो छकौरी से शुरू हुई थी वह मन्दिर पर आकर टिक गई थी। इनसान पीछे छूटते जा रहे थे भगवान आगे आ रहे थे। बात छकौरी की ही नहीं थी किसी भी इनसान की बात नहीं हो रही थी। झंडे की हो रही थी, मन्दिर की हो रही थी। चारों तरफ़ भजन-कीर्तन चल रहे थे। गाँव-गाँव में लोग हारमोनियम और झाल की धूल झाड़ रहे थे। मंजीरे बजने लगे थे। ढोल बज रहे थे...

चुनाव और चमन का चुनाव

मौसम चुनाव का था तो ज़ाहिर है हर घटना को लोग राजनीति से जोड़कर देख रहे थे। ज़ाहिर है चमन की गतिविधियों को भी राजनीतिक निगाह से देखा जाने लगा था। अभी तक किसी का ध्यान इस बात पर गया ही नहीं था कि चमन का पूरा नाम भी कुछ हो सकता था। जब झंडा समिति का पोस्टर छपा तो लोगों ने उस पर नाम देखा श्री चमन पांडे तो लोगों को लगा कि यह किसी और चमन की बात हो रही थी। तीसरी बार में इण्टर की पढ़ाई पूरी करने के बाद चमन को कभी अपना पूरा नाम लिखने की ज़रूरत ही नहीं पड़ी थी। उस गाँव में क्या बहुत से गाँवों में बहुत से ऐसे लोग थे जिनको वोटर लिस्ट और राशन को छोड़कर कहीं अपना नाम लिखने की ज़रूरत ही नहीं पड़ती थी। चमन को भी नहीं पड़ी थी।

उधर लोगों का ऐसा मानना था कि पूरा नाम उनको लिखना होता था जो कोई सरकारी नौकरी करते थे, या कोई व्यापार, या जिनको बैंक में खाता खोलना होता था, और नहीं तो घर के बाहर नेम प्लेट लगाना होता था, मुखिया-सरपंच से लेकर लोकसभा-विधानसभा का चुनाव लड़ना हो। नहीं तो शादी-ब्याह के कार्ड पर दर्शनाभिलाषी में नाम छपवाना हो, या कोर्ट-कचहरी का कोई चक्कर हो, या अख़बार में बयान छपवाना हो। अगर इनमें से कोई काम नहीं हो तो किसी को पूरा नाम लिखने की कोई ज़रूरत ही नहीं पड़ती थी।

लेकिन चमन ने अब कहना शुरू कर दिया था, "असल में दादाजी

समाजवादी आंदोलन से ताल्लुक़ रखते थे। उस ज़माने में उन लोगों ने आंदोलन चलाया था जिसमें सभी ने अपने-अपने उपनाम बदलकर रंजन कर लिये। कुछ लोगों ने उपनाम के बिना ही नाम लिखना शुरू कर दिया था। इसलिए मैट्रिक के सर्टिफ़िकेट में पांडे लिखने के अलावा हमने कहीं और अपना उपनाम लिखा ही नहीं!''

उपनाम छिपाकर समाजवादी लोग जाति की पहचान को छिपाना चाहते थे। लेकिन जाति कहाँ छिपती है। लोग किसी-न-किसी बहाने से जाति को जान ही लेते थे। मानो आदमी की अपनी जाति के अलावा कोई और पहचान ही न हो। जैसे जाति कोई ऐसा कोड हो जिसके मिलते ही उस आदमी की सारी कुंडली खुल जाती हो!

वह बताता, ''जैसे जब कोई अनजान आदमी किसी ट्रेन में, बस में, बाज़ार में, होटल, दुकान में, खेल के मैदान में हमसे पूछता है, ''तुम्हारा नाम क्या है?''

हम जवाब देते हैं—चमन।

''चमन? आगे कुछ नहीं?''

''नहीं।''

''बाबूजी का नाम?''

''गुलाब रंजन।''

''कौन गाँव, घर हुआ?''

''सीतापुरी के पास अन्हारी।''

''उत्तरवारी टोला में कि दक्षिणवारी टोला में?''

''उत्तरवारी में।''

''अच्छा। परीक्षण बाबू कौन हुए?''

"बाबा।"

"अब बूझे।"

मतलब सामने वाला आदमी किसी न किसी तरह से जाति का पता लगा ही लेता था। जाति को मिटाने की जितनी कोशिश की गई जाति पहचान उतनी ही महत्त्व रखती गई। कोई फ़ायदा हुआ। इतना ही अन्तर आया है कि दादाजी के ज़माने में समाजवादियों ने जाति मिटाने के लिए संघर्ष किया हमारे ज़माने के समाजवादी जाति बचाने के लिए लड़ रहे हैं।

"हम इसीलिए अपना नाम में रंजन वाला ठेपी भी नहीं लगाये। चमन। चमन माने फुलवारी। सबका रमन चमन करने वाली फुलवारी। हम चमन हैं। जो मेरी संगत में आता है उसका दिल ख़ुश हो जाता है। दुखी, निराश लोग भी जब जीवन में बहुत निराशा, हताशा महसूस कर रहे होते हैं तो मेरे पास आते हैं और हँसी-मज़ाक करते हैं। थोड़ी देर की ख़ुशी मिल जाती है उनको। हमारे जैसे लोगों के जीवन में और क्या है! पढ़ नहीं पाये ठीक से, कुछ कर नहीं पाये ठीक से। लोगों के जीवन में हमारे कारण कुछ हँसी-ख़ुशी आ जाये तो हमारा क्या बिगड़ता है इससे।"

चमन बोल रहा था। लोग सुन रहे थे। इतनी गंभीरता से उसको कभी किसी ने सुना ही नहीं था। यह हनुमान जी की कृपा नहीं थी तो और क्या था? कल तक जो लोग चमन को गंजेड़ी कहते थे, उसके बारे में कहते थे कि पेटवे त लोटवे वही अब उसकी बातों को बड़े ध्यान से सुनने लगे थे। चमन अब चमन पांडे हो चुका था और पता नहीं इस बात पर किसी का ध्यान गया था कि नहीं कि बहुत सारे लोग अब उसको पांडे जी भी बुलाने लगे थे।

महावीरी झंडे के नाम पर इतना पैसा आ चुका था कि झंडा समिति ने यह ऐलान किया कि झंडे के दौरान तीन दिन तक कुश्ती की प्रतियोगिता का आयोजन किया जायेगा। ज़िले के सभी गाँवों के पहलवानों को उसमें

आमंत्रित किया जाएगा और पुरस्कार के रूप में मोटी राशि की घोषणा भी कर दी गई थी। इसके अलावा मेला-रेला, झूला, चरखी, बर्फ़ी का पूरा इंतज़ाम होने ही वाला था।

लेकिन जिस तरह से शीशे के बक्से में भभूति रखकर उसके दर्शन का प्रोग्राम चमन ने बनाया था उसके कारण तो महावीरी झंडा से कम नाम चमन का नहीं हो रहा था। जिन लोगों के मोटे-मोटे चंदे से झंडे का आयोजन हो रहा था उनसे भी अधिक नाम चमन का ही हो रहा था। महावीरी झंडे के तीन दिवसीय उस मेले में लोगों का हुजूम उमड़ रहा था। सबसे बड़ी बात थी कि आने वाले सभी लोग भभूति के सामने सिर झुकाकर आशीर्वाद लेने के लिए चमन पांडे के घर जाना भी नहीं भूल रहे थे। लोगों की सुविधा के लिए किसी ने दालान के बाहर एक नेम प्लेट लगा दी थी, जिसके ऊपर लिखा हुआ था—पांडे निवास!

रोज़ का चढ़ावा इतना हो गया था कि सुनने में आया था कि पास में ग्रामीण बैंक की शाखा से कोई नोट गिनने की मशीन उधार ले आया था। उसी पैसे से रोज़ाना आने वालों के लिए पूड़ी-जलेबी का इंतज़ाम कर दिया गया था। ग्यारह हलवाई दिन रात पूड़ी-जलेबी छानने में लगे हुए थे। जो आ रहा था थई-थई होकर खा रहा था।

जब हर चीज़ का राजनीतिक मतलब निकाला जा रहा हो तो इसका मतलब बहुत बड़ा था। चमन ने यह संदेश दे दिया था कि राजनीति की सीढ़ियाँ वही नहीं चढ़ते हैं जो दिन-रात राजनीति, सेवा, देश हित, प्रदेश हित, जाति, धर्म की बात करते रहते हैं। कई बार कोई ऐसा नेता भी आता है जो कुछ नहीं कहता लेकिन लोग उसी को वोट देते हैं। कारण यह है कि वह सच्चा लगता है। आजकल समाज में सच्चे लोगों की कमी जो हो गई है! यही कारण है कि कोई आदमी जब ईमानदारी दिखाने या ईमानदार दिखने की कोशिश करता है तो लोग उसको नमूने की तरह देखने लगते हैं।

दबे स्वर में यह चर्चा भी होने लगी थी कि असली भूमिहार निकला चमन। साह जी इस बार चुनाव लड़कर जीतने का एकदम फूलप्रूफ़ प्लान बनाए थे। जिस प्लान को न सुशील राय भेद पा रहा था, न घाघ राजनेता रामस्वार्थ राय। सब उसी के प्लान के जाल में उलझते जा रहे थे। झंडे में शामिल होने के लिए सब आये। सबने इस बात पर गर्व जताया कि उनके ज़िले में सौ मीटर से अधिक ऊँचा झंडा बना और इस झंडे के बारे में पटना के सभी बड़े अख़बारों में छपा था। कई अख़बारों में फ़ोटो भी प्रकाशित हुआ था। चमन का नाम कहीं नहीं था लेकिन ज़िले में सब चमन का नाम ले रहे थे।

अब चर्चा चलने लगी थी कि चमन जान-बूझकर भगतई के ताम-झाम में रहता था। बुड़बक जैसा बना रहता था। कोई गंजेड़ी कहता था, कोई आवारा। यह किसको पता था कि एक दिन यही मसीहा बनकर आएगा। सीतापुरी के लोगों के पास माँ सीता के अलावा गर्व करने के लिए और कुछ था नहीं। लोग या तो मिथक में जीते थे या इतिहास में, जिसमें गल्प अधिक होता था, तत्व कम। उनका कोई वर्तमान नहीं था। ऐसे में हनुमान जी से साक्षात मिलकर आने वाला नवयुवक चमन लोगों के बीच नायक बनता जा रहा था।

मन्दिर में भभूति स्थापना का दिन नियत हुआ। उसकी भी तैयारी धूमधाम से की जा रही थी। महावीरी झंडे से, चमन के घर भभूति दर्शन से इतना धन जमा हो गया था कि उससे गाँव में स्कूल का भवन नया बनाया जा सकता था, स्वास्थ्य केंद्र चलाया जा सकता था। लेकिन लोगों को खटिया पर लदकर अस्पताल जाना मंजूर था, पढ़ने के लिए नदी पारकर शहर जाना मंजूर था लेकिन वे नहीं चाहते थे कि धर्म काज में किसी तरह की कमी आए। पंडित अयोध्या से बुलाये गये, जनकपुर से बुलाये गये और काशी से बुलाये गये। देश के अलग-अलग हिस्सों से कलाकारों को बुलाया गया, जिन्होंने मन्दिर पर अलग-अलग शैलियों में

हनुमान के चित्र बनाए, अलग-अलग भाषाओं में सुलेख में हनुमान जी के नाम लिखे गये।

ज़िले भर में पोस्टर लगवाए गए। जन जागरूकता का ऐसा अभियान ज़िले में इससे पहले कब चला था यह याद नहीं। कुछ लोग याद दिला रहे थे कि जब मुरारी बापू की कथा हुई थी तब शहर सीतापुरी में ऐसा लगा था जैसे हर गाँव, हर मोहल्ले से लोग उमड़ आये हों। लेकिन हनुमान भभूति स्थापना के कार्यक्रम के लिए जन-जागरण तो अभूतपूर्व था। एक अख़बार में जन-जागरण के बदले प्रचार शब्द का प्रयोग कर दिया था। उसके दफ़्तर के सामने इतने लोग आ गये कि उसको सार्वजनिक रूप से माफ़ी माँगनी पड़ी और प्रचार शब्द के प्रयोग के लिये खेद प्रकट करते हुए जनजागरण शब्द लिखना पड़ा।

वास्तव में, यह ऐसा जनजागरण था कि जैसा ज़िले में कोई नेता भी नहीं कर पाया था। कुछ पुराने लोग कहते थे कि कि 1977 के चुनाव के समय समाजवादियों ने जो जनजागरण किया था कुछ-कुछ उसी की याद आ रही थी। लेकिन वह राजनीति थी जिसमें जीत-हार से किसी को लाभ तो किसी को नुक़सान हुआ। यह तो धर्म का काम था।

माता सीता की नगरी में हनुमान जी के स्वागत के लिए इतने लोग उमड़ आये कि शहर में कहीं पाँव रखने की ज़मीन नहीं थी। शहर से अन्हारी गाँव तक लोग क़तार लगाए खड़े थे। सब उस महान क्षण का गवाह बन जाना चाहता था जब मन्दिर में भभूति स्थापना हो। मंत्रोच्चार के बीच काशी, अयोध्या और जनकपुर के पंडितों ने मन्दिर में भभूति की स्थापना की। यह घोषणा हुई कि देश में यह हनुमान जी का अपनी तरह का अकेला मन्दिर था जिसमें उनकी कोई मूर्ति नहीं थी बल्कि उनके जाग्रत मन्दिर की भभूति थी।

श्री चमन पांडे उस स्थापना कार्यक्रम के केंद्र में नहीं थे लेकिन हर तरफ़ उनका ही नाम था। शहर के बड़े-बड़े नेताओं, अफ़सरों, सेठों

के साथ-साथ श्री चमन ठाकुर भी पहली क़तार में खड़े थे। यही तस्वीर हर अख़बार में आई। पटना से प्रकाशित होने होने *पाटलिपुत्र* समाचार में यह समाचार पहले पन्ने पर छपा था। जिस चमन को अपने गाँव तक में लोग गंभीरता से नहीं लेते थे उसके बारे में राजधानी तक में लोग उसकी तस्वीर पर उँगली रख-रख कर पूछते—यह कौन है?

यह कौन है? यह कौन है? होते-होते प्रदेश पर गहरी नज़र रखते कुछ आला नेताओं की निगाह भी औचक ही उसके ऊपर चली गई। सबसे तेज़ निगाह पड़ी चक्र छाप वाले नेता की। उन्होंने अपने एक सहयोगी से कहा—"जाओ सबसे पहले यह पता लगाओ कि लड़का कौन जात है? अगले ही दिन पक्की खबर आ गई कि लड़का जात का भूमिहार है। लेकिन राजनीति से पहले से कोई संबंध नहीं रहा है। आजकल कहने लगा है कि इसके दादाजी पुराने समाजवादी थे। लेकिन इस बारे में पता करने से पता चला कि समाजवाद से इसके दादाजी का इतना ही नाता था कि ज़िले का प्रसिद्ध समाजवादी नेता बसावन बाबू ने जब ज़िले में एक बार पदयात्रा की थी तो उनके पीछे चल रही सैकड़ों की भीड़ में दो दिन तक वे भी चले थे। बाक़ी यह आदमी राजनीति से अधिक साधु-संतों की संगत में रहने के लिए जाना जाता है। कहते हैं कि इसको कुछ ऐब भी है।

"ऐब?" नेताजी ने अपने सहयोगी की तरफ़ सवालिया निगाहों से देखा।

"जी, कुछ लोग दबे-छिपे स्वर में बता रहे थे कि पुराना गंजेड़ी है!"

"कोई लड़की का चक्कर?"

"जी नहीं। अविवाहित है और लड़कियों के तो आस-पास भी नहीं जाता है। लड़कों के ही बीच में रहता है!"

"शराब, जुआ?"

"जी नहीं। शराब तो इसके गाँव में ही कोई नहीं पीता।"

"फिर कोई ऐब नहीं है। राजनीति में शराब, स्त्री, जुआ को छोड़कर और कोई ऐसा ऐब नहीं होता है जो किसी को आगे बढ़ने से रोक पाये। इस लड़के पर निगाह रखो। चुनाव में अब अधिक दिन नहीं रह गए हैं। वैसे भी ऐसे नेता ज़्यादा अच्छे होते हैं जिनका कोई आधार नहीं होता। जो किसी के लिये किसी तरह का ख़तरा नहीं बन पाते और सदन में पार्टी की संख्या बढ़ाने के काम भी आ जाते हैं।"

"जी। अगर बिरंचीलाल साह का स्टार प्रचारक इसको बना दिया जाये तो जीत में कोई कसर ही नहीं रह जाएगी। उससे बात करनी चाहिये।"

"आप तेल तो समझते हो तेल की धार नहीं! अरे, जैसा माहौल इस समय सीतापुरी में है वैसा माहौल शायद ही फिर कभी बन पाये। राजनीति हमेशा फल नहीं देती है। कभी-कभी फलदायक स्थिति पैदा कर देती है। अब यह हमारे ऊपर होता है कि उस फलदायक स्थिति का पूर्ण लाभ उठायें और मनोवांछित फल को लपक कर ग्रहण कर लें। सोचो-सोचो! इस समय सीतापुरी में युवा शक्ति का जोश दिखाई दे रहा है। एक लड़का है सुशील राय, सुना है आजकल कोई पीर मोहम्मद अंसारी भी है जो हीरो बना हुआ है। हीरो का जवाब हीरो ही हो सकता है। अरे जब सामने वाला हंड्रेड पावर का बल्ब जला रहा हो तो ढिबरी टाइट करने से क्या होगा?"

"लेकिन सर कंडीडेट? कुछ ज़्यादा नहीं हो जाएगा? मतलब, कह रहे थे कि उसको तो यह भी नहीं पता कि हमारी लाइन क्या है। यह भी नहीं पता कि राजनीति क्या होती है? फिर अनुभव भी तो कोई चीज़ होती है, वफ़ादारी, हमारी विचारधारा से आस्था! वर्षों का समर्पण! आप ही तो कहते रहे हैं कि हमारे विचारों की समझ और उनके प्रति समर्पण सबसे अधिक मायने रखता है। बिरंची में वह सब है। सबसे बढ़कर

उसके पास चुनाव लड़ने के लिए धन है। पार्टी फण्ड में देने के लिए धन है। उसके धन से हम कुछ और क्षेत्रों के उम्मीदवारों को अच्छे से चुनाव लड़वा सकते हैं। आपसे यह उम्मीद नहीं रखता हूँ कि आप इस तरह के फ़ैसले इस तरह जल्दबाज़ी में लें। किसी की तस्वीर अख़बार में देख ली और उसको क्या समझ बैठे?''

''देखो, बिरंची व्यापारी आदमी है, यह संन्यासी। समर्पण संन्यासी का अधिक माना जाता रहा है। हमेशा से। तुम भावुकता में जो एक बात नहीं समझ पा रहे हो वह यह है कि समर्पण का मतलब सत्ता नहीं होता। अपने विचार को सत्ता की तरफ़ ले जाना होता है। जिस तरह मैंने कभी सत्ता की राजनीति नहीं की, वही त्याग मैं चाहता हूँ सभी वरिष्ठों में हो। बिरंची हमेशा हमारे साथ रहेगा। जाएगा तो कहाँ जाएगा। लेकिन हम उसी के बारे में सोचते रहेंगे तो आगे किस तरह बढ़ पायेंगे?

''हमारी राजनीति भविष्य की है। इस लड़के को प्रांत कार्यालय में जल्दी बुलाओ। लेकिन ऐसे मत बुलाना कि उसको लगे कि उसका महत्त्व बढ़ने वाला है। फिर मामला गड़बड़ा सकता है। पहले उसको देखना है—परखना है, मैदान में उतारना है। फिर देखते हैं।'' नेताजी मुस्कुराते हुए बोले।

''मैदान में क्या उतारेंगे? वह तो पहले से ही मैदान में है। बस उसको इस बात का भान करवाना है कि मैदान में खड़े रहने भर से कुछ नहीं होता। कदम भी आगे बढ़ाना होता है।''

''अब निकल जाओ। उसको उस भीड़ से बचाओ जो उसको एक दिन कहीं का नहीं छोड़ेगी। वह बड़े-बड़े कामों के लिए बना है। ऐसी मसीहाई बहुत दिन चलती नहीं है। यही लोग जो आज उसको सिर पर बिठाये हैं कल उसको पत्थर मारेंगे! उसको बचाओ। हमारे विचार को आगे बढ़ाने में बहुत काम आएगा। जाओ अब काम शुरू करो।''

कहानी भी राजनीति की तरह होती है। कब क्या करवट ले ले कहा नहीं जा सकता। आगे न जाने क्या मोड़ ले ले यह कहानी। लेकिन लिखते हुए सुकून महसूस हो रहा है कि मेरी कहानी मेरे हाथ से छूटती जा रही है! मैं तो बस लेखक हूँ। कहानी मेरी नहीं है! जो हो रहा है उससे मुझे स्वयं आश्चर्य हो रहा है। लेकिन इतने साल के बाद तो अब ऐसा लगता है कि आश्चर्य बस एक शब्द बनकर रह गया है। इससे ज़्यादा उसकी कोई अहमियत नहीं रह गई है। रोज़ कुछ ऐसा हो जाता है जो पिछले आश्चर्य से भी बड़ा होता है।

कहानी की डोर और राजनीति का छोर

कहानी की डोर मेरे हाथ से छूटती जा रही थी। जो मैंने सोचा भी नहीं था वह सब हो रहा था। लेखक के रूप में मैं तानाशाह होना चाहता था लेकिन मेरे पात्र मुझे जनतंत्र की याद दिलाते लग रहे थे। उस जनतंत्र की जो उस दौर में सबसे अधिक बोला जाने वाला शब्द तो था लेकिन जिसका पालन धीरे-धीरे ख़त्म होता जा रहा था।

मैंने सोचा था कि छकौरी जैसा पहलवान नायक होने के लायक़ है। लेकिन अब जो हुआ वह तो मेरी कल्पना से भी परे था। वैसे तो मैं जो लिख रहा हूँ वह सब कल्पना ही है लेकिन इस कल्पना से भी परे थी यह कल्पना। गोपाल शर्मा वापस आ गया था और साथ में जैसे एटम बम लेकर आया था। बात ही ऐसी थी कि लोग विश्वास नहीं कर पा रहे थे। सब मान रहे थे कि ऐसा भी हो सकता था लेकिन इतने आश्चर्य में थे कि इस बात पर यक़ीन नहीं कर पा रहे थे।

बात ही ऐसी थी। किसी रोमांचक कहानी की तरह। हर मोड़ पर एक नया रोमांच।

गोपाल शर्मा वापस आ गया था। आते ही उसने उन लोगों को ललकारा जो उसके अचानक ग़ायब होने को संदेह की निगाह से देख रहे थे। उसने हवा में एक सवाल किया—हम अपनी ज़िन्दगी जी रहे हैं, कोई नाटक नहीं कर रहे! कहाँ जाना है, कहाँ से आना है इसका हिसाब-किताब सबको क्यों चाहिए? क्या मेरे घर वालों ने मेरे गुमशुदा

होने की कोई रपट लिखवाई थी? जब मेरे घर वालों को ही परेशानी नहीं थी तो ज़माना क्यों परेशान था? मेरा जीवन है मैं जैसे जीयूँ, जहाँ जाऊँ, जहाँ से आऊँ?

लेकिन इस बार वह एक चिट्ठी लेकर आया था। बोला जनकपुर गया था। वहाँ जब वह छकौरी की दुकान पर गया तो दुकान बंद थी। आस-पास पता लगाकर जब उसके घर पहुँचा तो पता चला कि वह घर तो उसी आदमी का था जिसकी तस्वीर मैं दिखा रहा था लेकिन वह वहाँ भूला भंडारी के नाम से रह रहा था। असल में उसका एक जीवन और था जो नेपाल में था। उसको वहाँ छकौरी के नाम से कोई जानता ही नहीं था। उसकी दुकान भी वहाँ कई सालों से थी। अब उसका नाम भूला भंडारी था इसलिए लोग उसको समझने में भूल कर पा रहे थे। जनकपुर में कुश्ती लड़ने वाली बात एकदम सही थी लेकिन वह भूला भंडारी के नाम से लड़ा था और उसी नाम से हारा।

लेकिन अपनी हार से वह इतना विचलित हुआ कि वह छकौरी बनकर अपने गाँव अन्हारी आया और स्कूल वाले हनुमान मन्दिर की मूर्ति को तोड़ गया। इस घटना के कुछ दिन बाद से उसको सपने में हनुमान जी आने लगे। हर कहीं हनुमान जी दिखाई देने लगे। गोपाल शर्मा पूरी कहानी अपने गाँव में सुना रहा था और सुनने वाले उसको न जाने कहाँ-कहाँ लिए जा रहे थे। वह वहाँ जिस परिवार के साथ रहता था उन लोगों का कहना था कि कभी वह बैठे-बैठे हनुमान चालीसा का पाठ करने लगता था तो कभी अचानक किसी हनुमान मन्दिर में चला जाता।

उसके कमरे में हनुमान जी की मिट्टी की छोटी-छोटी असंख्य मूर्तियाँ थीं। गोपाल शर्मा जिसकी तस्वीर भी लाया था, वह कभी अपने पूरे शरीर को लाल रंग से रंग लेता, कभी रोने लगता, कभी ज़ोर से हँसने लगता। अजीब सी हालत हो गई थी उसकी। उसके घर के आस-पास रहने वाले

लोग बहुत परेशान रहने लगे थे। दुकान जाना भी उसने छोड़ दिया। बाद में उसने दुकान को बेच भी दिया। बाद में तो उसने बाहर निकलना भी छोड़ दिया था। ऐसे छिपकर रहने लगा था जैसे कोई उसको पकड़ लेगा। नेपाल के लोगों को कुछ भी पता नहीं था कि जब वह छकौरी बनकर भारत गया था तो उसके साथ क्या हुआ था।

एक दिन वह वहाँ से ग़ायब हो गया। उसके एक पड़ोसी रामचंद्र दुबे ने बताया कि उसको एक सब्ज़ी बेचने वाले ने बताया था कि वह सुबह-सुबह दुधमती नदी में कूद गया। पहले तो उस सब्ज़ी वाले को लगा कि वह शायद तैरने के लिए कूदा है लेकिन जब वह बहुत देर तक बाहर नहीं निकला तो उसने पुलिस को जाकर बताया। पुलिस ने गोताखोर नदी में उतारे लेकिन वह ज़िंदा या मुर्दा किसी हाल में नहीं मिला। पुलिस ने कोई मामला भी दर्ज नहीं किया और सब्ज़ी वाले को फटकार लगाई कि उसने झूठ क्यों बोला? जब कुछ बरामद ही नहीं हुआ तो अपराध कैसा? ऐसे में तो अपराध और कहानी का फ़र्क़ भी मिट जाएगा!

जब कई दिनों तक वह नहीं आया और घर के मालिकों ने उसके कमरे की छानबीन की तो उन्हें पाँच सौ नेपाली रुपये और एक कागज़ पर कुछ लिखा हुआ मिला। गोपाल शर्मा का कहना था कि वह उसका सुसाइड नोट था, जिसमें उसने साफ़-साफ़ लिखा था कि उससे जीवन में बहुत बड़ा पाप हो गया है। जिस देवता की कृपा से वह इतना बड़ा नामी पहलवान बना उसी मूर्ति को उसने तोड़ दिया, अपने घर से भागकर उसको यहाँ नाम बदलकर, छिप कर रहना पड़ा। अपने पाप का एहसास रोज़ गहरा होता जा रहा है। अब और नहीं जिया जाता। आ रहा हूँ हनुमान जी आपकी शरण में। इस पत्र के नीचे उसी दिन की तारीख़ पड़ी थी जिस दिन सवेरे-सवेरे सब्ज़ी वाले ने उसको दुधमती नदी में कूदते हुए देखा था।

गोपाल शर्मा ने कहा कि वह चिट्ठी उसने आते ही थाने में जमा कर

दी है। उसकी कोई फ़ोटोप्रति भी उसने नहीं करवाई थी। उसका कहना था कि मामला पुलिस अदालत का था। अगर गोपनीय पत्र को उसने ज़ाहिर कर दिया तो कहीं उसी को न फँसा दिया जाये। वह दावा कर रहा था कि थाने में उसने अपना सारा बयान दर्ज करवा दिया है और उसने जो सुना था छकौरी के घर वालों को भी जाकर बता दिया है।

गोपाल शर्मा की इस बात को न तो छकौरी के घर वाले मान रहे थे न ही सुनने वाले लेकिन उनके पास और कोई कहानी नहीं थी जिससे उसकी बात को खंडित किया जा सके। वैसे भी घटना को हुए बहुत समय बीत चुका था। घर वालों ने कोई रिपोर्ट पुलिस में दर्ज करवाई नहीं थी, न किसी का खून बहा था, न कोई डाका पड़ा था। मन्दिर की मूर्ति टूटी थी। मन्दिर में भभूति स्थापना के बाद लोग उस घटना को भूल-भाल गये थे। लोग जैसे एक नई धुन में थे, ऐसी धुन में जिसका अपने हाल के अतीत से जैसे कोई नाता नहीं रह गया था।

नया मन्दिर था, नया महातम था। लोगों की आस्था उमड़ रही थी। इस नई आस्था के दौर में भला एक पहलवान को कौन याद करता। कोई याद कर रहा था तो सुशील राय लेकिन इस नाम पर अब न लोगों में वह आक्रोश दिख रहा था न किसी तरह की सरगर्मी थी। हवाओं में हनुमान मन्दिर की गर्मी थी और चुनाव की सरगर्मी। सुशील राय की पकड़ कमज़ोर नहीं हुई थी लेकिन वह राजनीति की जकड़ को समझ नहीं पाया था। बुटकुन बाबू की बात याद आती है—राजनीति बस भावना से नहीं चलती है। भावना में क्रूर व्यावहारिकता की मिलावट करके ही आगे बढ़ा जा सकता है। वह भावना के जाल में उलझा रह गया।

किसी को अफ़सोस नहीं था। सब यही कह रहे थे कि अभी तो सुशील की उम्र पड़ी हुई थी। आने वाला समय उसी का था। लेकिन अभी नहीं। सब जैसे भाग्योदय की भविष्यवाणी में उलझे हुए थे। इस बार किसी ने कल्याण करने का वादा नहीं किया था लेकिन सब उसी

कल्याण के सपने में खोये हुए थे। एक बार फिर से एक और पीढ़ी उसी सपने में डूबी हुई दिखाई दे रही थी।

विधायक रामस्वार्थ राय के लिए सबसे बड़ा ख़तरा था सुशील राय लेकिन वह समय पर किसी राजनीतिक दल में नहीं शामिल हुआ। समाजवादी पार्टी में जब तक आया तब तक बहुत देर हो चुकी थी। अलबत्ता पीर मोहम्मद पैर छाप में शामिल हो चुका था। मुस्लिम समाज के लड़कों को पढ़ाई से लेकर लड़ाई तक के लिए तैयार करने के काम में लगा हुआ था। अगर टिकट मिलता तो जीत भी सकता था।

लेकिन कहते हैं ख़ान साहब ने उसको समझा-बुझा कर तैयार कर लिया था कि अगले साल वार्ड कमिश्नर के चुनाव में वे उसको निर्विरोध निर्वाचित करवाने की पूरी कोशिश करेंगे। समाज की एकता की बात की और रहने के लिए स्टेशन रोड के पीछे एक पुराना घर भी दिलवा दिया था। इतने कम समय में लॉज से एक बड़े घर में रहने के लिए आ गया था। इससे ज़्यादा क्या चाहिये था उसको। राजनीति में विरले ही होते हैं जिनके घट में सफलता का पानी बहुत जल्दी भर जाता है। नहीं तो उस घट में सफलता बूँद-बूँद टपकती रहती है और वह ऐसे रिसती रहती है मानो घट की पेंदी में छेद हो।

ख़ान साहब इस बार चुनाव जीतने के लिए लड़ना चाहते थे या कम-से-कम रामस्वार्थ राय को हरवाने के लिये। कानाफूसी यह भी चल रही थी कि ख़ान साहब की बात अंदरखाने चक्र छाप वालों से हो गई थी। दल बनाए रहिए दिल मिलाये रहिए की नीति के तहत। साह जी भी व्यापारी थे और ख़ान साहब का भी मूल काम व्यापार ही था। इसलिए उनके बीच बातचीत हो चुकी थी। ऐसा लोग बताते थे। राजनीति ऐसी हो गई थी कि उसमें करने से ज़्यादा कहने का महत्त्व रह गया था। लोगों की आँखों के सामने कोई घटना घटित होती लेकिन वे उसको देखकर भी न देखने के अभ्यस्त हो चुके थे।

दोनों के लिए यही बात मायने रखती थी कि उनके करोड़ों के व्यापार पर किसी तरह की आँच न आए। चुनाव जीत जाने से उनके व्यापार को सरकारी समर्थन मिल जाता। दोनों कभी जनता के बीच में रहते ही नहीं थे कि जनता का किसी तरह का दबाव उनके ऊपर पड़ता। लहर की राजनीति करने का शौक़ दोनों को था। बस इस बार इतना अंतर आ गया था कि बिरंचीलाल साह अपनी गाड़ी पर लिखे पूर्व विधायक में से पूर्व शब्द को मिटाना चाहते थे, विधानसभा के अपने कार्ड को रिन्यु करना चाहते थे। चक्र छाप की लहर भले ही देश में न आई हो सीतापुरी में तो आ ही गई थी। नारा चल रहा था—हुई भूल सो गई भूल/ अब न भूल चक्र छाप की धूम!

अंदर-ही-अंदर ख़ान साहब भी यही चाहते थे कि उनकी गाड़ी से भी पूर्व हट जाये। विधायक के रूप में पटना में घर मिल जाये, समाज के लोग उसमें आएँ-जाएँ, रहें-ठहरें, इससे समाज के लोगों को भी अच्छा लगेगा। अपने घर में लाख वे किसी को मेहमान बना लें, किसी का इलाज करवा दें, लेकिन जब तक रहने के के लिए उनको सरकारी आवास में जगह न दिलवा दीजिए, सरकारी कागज़ पर उनके लिए अस्पताल को पुर्जी नहीं लिख दीजिए तब तक नेतागीरी की हनक नहीं रहती। वह ज़माना और था। अगर आप अपने पैसे से किसी की मदद कर देते तो लोग उसको व्यक्तिगत एहसान की तरह लेते, इसी कारण कुछ लोग लेने में संकोच भी कर जाते, लेकिन अगर मामला सरकारी हो जाये तो उन लोगों को भी लगता है कि सच में उनके लिए कुछ ख़ास किया जा रहा है। अजब ज़माना था। लोग निजी मदद को हराम समझते थे, लेकिन सरकारी मदद को ख़ास। सरकार को मुफ़्तखोरी का पर्याय समझा जाता था। अपने लिए न सही तो अपने लोगों के लिए वे विधायक बनना चाहते थे।

लेकिन समस्त मुस्लिम समाज का वोट उनको मिल जाये यह संभव

नहीं था। इसीलिए जीत भी अगर असंभव नहीं तो मुश्किल ज़रूर थी उनके लिए। अगर हार निश्चित लग रही हो तो आदमी को क्या करना चाहिये—जीते हुए के अगर साथ ना जाएँ तो उसके अनुकूल बन जायें। इस बार भी लग रहा था कि उनकी नियति यही होने वाली थी।

मैंने पहले ही बताया था कि चुनाव आने वाला था और बिसात बिछ चुकी थी!

भूला पहलवान से चमन बहार तक

जब प्रदेश में चक्र छाप के सबसे बड़े नेता ने चमन यानी श्री चमन पांडे से यह पूछा कि अगर उसको पार्टी में शामिल कर लिया जाये, पार्टी की ओर से उसको विधान सभा चुनाव लड़ने के लिए कहा जाए तो वह क्या करेगा?

"जो पार्टी कहेगी वही करूँगा। मुझे अच्छे से यह पता है कि पार्टी से अलग उसके किसी नेता की अपनी सोच नहीं हो सकती। मैं उस सोच को मज़बूत करने के लिए काम करूँगा जो आज कल के माहौल के अनुकूल हो।" चमन ने छूटते ही जवाब दिया।

नेताजी उसकी हाज़िरजवाबी से प्रभावित हुए। बोले, "तुम तो एकदम समर्पित नेता की तरह बोल रहे हो। फिर ये सब संतई-भक्तई के फेर में क्यों पड़े रहते हो? इससे अच्छा तो खुलकर राजनीति करो।"

"नहीं पड़े होते हुज़ूर तो आपकी नज़र में कैसे आते।" चमन ने झट से जवाब दिया। "हम ज़्यादा पढ़े लिखे तो हैं नहीं कि आप लोगों की तरह बोल सकें लेकिन इण्टर में मेरा एक सब्जेक्ट पोलिटिकल साइंस था। मदन मोहन झा सर पढ़ाते थे। वह एक बात कहते थे, जिसको मैंने गाँठ बाँध लिया। वे कहते थे कि राजनीति हर चीज़ में होती है। आप राजनीति से बचने की जितनी बात करें राजनीति आपको नहीं छोड़ती। कहते हैं कि वह तो पति-पत्नी के रिश्ते में भी होती है, घर के चूल्हे-चौके में भी होती है, साधु-संतों में भी होती है। जैसे भगवान सब कहीं होता है उसी तरह राजनीति सब कहीं होती है।" फिर थोड़ा रुकते हुए

बोला, ''क्लास में वह बताते थे, हम तो उसके बाद से इस बात का अनुभव करते आये हैं।''

उसका जवाब सुनकर नेताजी समझ गये कि आदमी ऊपर से भले उथला दिखाई देता है लेकिन अंदर से गहरा है। पढ़ा-लिखा भले कम है लेकिन ज्ञानी है। यह एकदम सही आदमी है। अगर इसको लड़वाया गया तो जीत पक्की ही है। हो सकता है कि जीत न भी हो पाये लेकिन इससे चुनाव में माहौल बढ़िया बन जाता।

''एक बात ध्यान से सुनो। हम तुमको सीतापुरी से चुनाव लड़वाना चाहते हैं। हमारी पार्टी के उम्मीदवार बनना चाहोगे?''

''सर, ई तो हनुमान जी का प्रसाद हो जाएगा। लेकिन वहाँ तो पार्टी के बड़े-बड़े नेता सालों से काम कर रहे हैं। बिरंचीलाल साह जी हैं। सब कह रहे हैं, वही लड़ेंगे और जीत भी जायें शायद। बड़े पुराने और सज्जन आदमी हैं। धर्म के काम से कभी पीछे नहीं हटते। महावीरी झंडा में लाखों रुपया झोंक दिए।''

''सही बोले। साह जी धर्म के काम से कभी पीछे नहीं हटते। हमारे लिए चुनाव भी धर्म का काम ही है। जब तक चुनाव नहीं जीतेंगे तब तक देश को विदेशी सोच से आज़ाद कैसे करेंगे। हिन्दू धर्म की ध्वजा कैसे फहरायेगी। जैसे तुम साधु-संतों के साथ रहते आए हो, सोचो कि हमारी पार्टी भी साधु-संतों की ही तरह ही है।'' फिर रुक कर थोड़ा खखारते हुए बोले, ''सुना है एक ऐब है तुममें। ऐब होना कोई बुरी बात नहीं है लेकिन अब से सार्वजनिक रूप से हनुमान नाम के सिवा कुछ नहीं। समझे! जो करना है अपने एकांत में करना। ऐसे करना कि बाहर किसी को भनक भी न लगे! जाओ अब चुनाव की तैयारी करो।''

''ऊ सब तो आप करेंगे न सर। हमको तो बस खड़ा रहना है न?''

''जाओ अब।''

चमन पांडे लौट आया।

कुछ दिन के बाद सीतापुरी वाले एक बार फिर से अचरज में थे। जिस आदमी का न राज से कोई लेना देना था न नीति से उसको राजनीति का घोड़ा बना दिया गया। उन्होंने ऐसा न कभी देखा था न सुना था। बिरंचीलाल साह कहाँ तो जीतने की तैयारी में थे लेकिन उनको उन्हीं की पार्टी ने हारने लायक़ भी नहीं छोड़ा। बुटकुन बाबू की बात याद आ गई, ''राजनीति में वफ़ादारी से नहीं ग़द्दारी से आगे बढ़ा जाता है। वफ़ादारों को राजनीतिक दल कुत्ता बनाकर रख लेता है। इसलिए वफ़ादारी तो ठीक है लेकिन स्वभाव में थोड़ी-बहुत ग़द्दारी होनी चाहिए। भीड़ में आगे बढ़ने का रास्ता निकालने का हुनर आना चाहिये।''

सबसे आश्चर्य हुआ लोगों को जब बिरंचीलाल साह ने ही चमन पांडे की उम्मीदवारी का ऐलान किया। सिर्फ़ ऐलान ही नहीं किया यह घोषणा भी कर दी कि चुनाव प्रचार का केंद्र उनका ही दफ़्तर रहेगा। उन्होंने सारा जीवन पार्टी की सेवा में बिताया है आगे भी पार्टी की सेवा में लगे रहेंगे। राजनीति में वे मेवा लेने के लिए नहीं आए थे, अपने समाज, अपने लोगों की सेवा करने की सीख उनके पिताजी ने उनको दी थी। उनके पिता जिन्होंने देश की आज़ादी के लिए संघर्ष किया, पुलिस की लाठियों खाईं, जेल गये। लेकिन आज़ादी के बाद कभी स्वतंत्रता सेनानी के नाम पर देश से, सरकार से कुछ माँगा नहीं। वह दे शब्द जानते थे ले शब्द नहीं।

''मैं भी उनका ही पुत्र हूँ। एक होनहार युवक के लिए आप लोगों से अपना गमछा फैलाकर वोट माँग रहा हूँ।''

सामने वही दोनों पुराने उम्मीदवार थे। इस बार का चुनाव चुनाव लग रहा था। लोग कह रहे थे कि चमन को कौन हरा सकता है। उसके पीछे तो हनुमान जी की ताक़त है। चमन ने चुनाव प्रचार की शुरुआत अपने दोस्त छकौरी पहलवान के घर से की। कहा, ''इसके छप्पन के

छप्पन मुक़ाबले मैंने ही देखे। ज़िले में कोई नहीं होगा जिसने इसका हर मुक़ाबला देखा। मैं छप्पन में भी इसके साथ था और सत्तावनवें में भी इसके साथ ही रहा। मेरा दोस्त जहाँ भी है वहीं से मेरे साथ रहेगा। अगर आप लोगों के आशीर्वाद से जीत गया तो उसको वापस लाने के लिए एड़ी-चोटी का ज़ोर लगा दूँगा।''

आप लोगों की उत्सुकता चुनाव परिणाम जानने की होगी, तो बताता चलूँ कि चुनाव परिणाम जानकर क्या कीजिएगा। हर पाँच साल में इसी तरह चुनाव होते रहते हैं। जीत-हार होती रहती है। कुछ सूचनाएँ आप लोगों को देता चलूँ। एक, चुनाव के कुछ दिन के बाद ही बिरंचीलाल साह को पार्टी ने प्रदेश संगठन का महासचिव बना दिया। चर्चा थी कि आने वाले समय में उनको शायद दिल्ली में ऊपरी सदन में भेज दिया जाये।

बुरहान ख़ान ने इस चुनाव में भी वही किया जो वे हर चुनाव में करते आये थे। इस बार भी वे सफल रहे और उनका धंधा पहले से भी बेहतर तरीक़े से चल रहा था। हाँ, एक जो चौंकाने वाली बात हुई वह यह कि सुशील राय को समाजवादी पार्टी ने ज़िला संगठन का अध्यक्ष बना दिया था।

आप कहेंगे यह भी कोई कहानी हुई। मैं भी यही कहूँगा कि यह भी कोई कहानी हुई। कहाँ तो हम खोजने निकले थे पहलवान की गुमशुदगी का रहस्य लेकिन चमन में उलझ गये। ऐसा ही होता है। हम कुछ और खोजने निकलते हैं कुछ और खोज बैठते हैं।

जेम्स रेडफ़ील्ड की किताब *सिलेस्टीन प्रोफ़ेसी* पढ़ी है? वह कहता है कि सब संयोग का खेल होता है। बस हमें संयोग के संकेतों को पढ़ना आना चाहिए। बाक़ी सब तर्क-वितर्क व्यावहारिक उद्यम हैं। हम ऐसे समय में रह रहे हैं जिसमें निश्चित रूप से कुछ भी नहीं कहा जा सकता, यहाँ तक कि अपने बारे में भी।

देखिए मैंने कभी कोई कहानी नहीं लिखी थी। आज आपके बीच लेखक के रूप में उपस्थित हो गया।

बस अंत में बताता चलूँ कि चुनाव के बाद शहर में एक पोस्टर लगा जिसमें एक पहलवान चित्त पड़ा था और उसके बग़ल में चमन बहार की एक डिब्बी रखी थी। नीचे बस एक लाइन लिखी थी—भूला पहलवान!

अंत में अपनी दादी की एक उक्ति सुनाने का मन हो रहा है। जब भी कोई कहानी सुनाती थीं तो कहानी सुनाने के बाद अंत में एक फ़िकरा सुनाती थीं—क़िस्सा गेलई बन में/ सोच अपना मन में!

जय हिन्द!

❑❑❑